FRANZ LISZT

DES MÊMES AUTEURS

Christophe Hardy
Les Mots de la musique (Belin, à paraître)

Pierre-Antoine Huré
Liszt en son temps (Hachette Pluriel, 1987)
Franz Liszt : correspondance (J.-C. Lattès, 1987)

Christophe Hardy
Pierre-Antoine Huré

Franz Liszt

Fayard

Pour Françoise et Jean-Louis Pagès

Liszt l'incomparable

Franz Liszt : *nom* légendaire, affadi par les romans et les films ayant abusé de son panache, de ses amours et de l'hystérie qu'il déchaîna un temps parmi les foules et les femmes, au point de recouvrir de clichés et de réduire à une caricature rebutante cette individualité des plus riche, belle et moderne du romantisme européen. La richesse venant de ses métamorphoses le rend *inclassable* en comparaison de ses pairs, identifiés à un médium – le piano pour Chopin, l'opéra pour Wagner – ou à une voix plus aisément reconnaissable, tels Schumann, Berlioz ou Mendelssohn. Liszt, lui, eut au moins trois vies successives : celle de l'interprète *inégalable*, celle du compositeur d'avant-garde, celle du musicien religieux. Il fut aussi l'infatigable propagandiste de ce qui lui semblait digne de vivre dans l'art contemporain, et le seul artiste du siècle à se battre pour les talents de toute nuance, lesquels se regardaient, hors de leur petit cercle, comme des rivaux. Lui seul créa le mouvement de la « musique de l'avenir » et le diffusa par l'enseignement inlassable qu'il dispensa gratuitement jusqu'à sa fin, rassemblant et galvanisant les meilleurs éléments des jeunes générations. Compositeur des plus fécond (plus de sept cents œuvres au catalogue établi par Serge Gut), il n'en fut pas moins constamment « inspiré », toujours guidé par la nécessité intérieure. Et c'est seulement au milieu des années 1980, à l'approche du centenaire de sa mort, que les meilleurs exégètes ont commencé à saisir dans leur mouvement d'ensemble, comme une constellation harmonieuse et cohérente, tous les modes lisztiens d'être et de créer.

Car toutes ces activités, toutes ces « vies » forment « une ligne très une » par l'énergie et l'idéal qui les animent – cette énergie qui faisait dire à Nietzsche que Liszt était pour lui l'incarnation suprême du dionysiaque. Exigeant tout de lui-même, se forçant sans répit au dépassement de soi, Liszt touchait aussi naturellement les extrêmes opposés qu'il unissait les contraires. Il conjuguait dans son jeu les deux inconciliables de la virilité et de la grâce. Il occupait sans effort apparent l'étendue entière du clavier. Il était parvenu – son récent biographe Alan Walker le montre en des pages saisissantes – à l'indépendance parfaite des dix doigts, qui lui donnait l'incroyable faculté de simplifier, sans y prêter attention, toutes les difficultés d'une partition pour se concentrer sur l'esprit de l'œuvre. Il pouvait tout interpréter à vue, ou encore jouer par cœur ce qu'il venait de lire pour la première fois... Mais il ne se contenta pas d'être ou d'avoir été, sur l'estrade, cette apparition flamboyante que magnifiaient sa beauté, son charisme ou sa générosité. Il fut également *magnanime*, au sens où sa conduite ne fut jamais, que l'on sache, prise en défaut d'élégance en même temps que de fierté. L'art était pour lui « un Paradis sur terre, auquel on ne fait jamais appel en vain lorsqu'on est confronté aux oppressions de ce monde », et l'artiste, « le Porteur du *Beau* » dont « l'inviolable conscience » assurait l'autorité. Le génie, cette « part divine » plus grande que chez le commun des mortels, entraînait surtout à ses yeux davantage de devoirs.

C'est dire qu'à le côtoyer, ce que le lecteur s'apprête à faire ici, mais aussi à lire ses écrits (car l'apport de ses compagnes y est soit bien plus mince, soit bien plus identifiable qu'on ne l'a longtemps prétendu), et surtout à pénétrer le monde subtil et puissant de ses compositions, on en vient à reconnaître qu'en Liszt, et en Liszt seul, la fusion si souvent rêvée entre qualité d'être et qualité d'art se trouve réalisée : il s'impose à nous comme un *exemple* d'humanité créatrice parmi les plus beaux qu'il soit donné de contempler dans l'histoire de notre civilisation. Il est donc temps de (re)visiter dans toute son étendue le legs du musicien, dont un préjugé tenace obère la juste appréciation. Devrait-on se priver, parce que c'est inactuel, du bonheur d'admirer ?

Nota

Les textes cités qui ponctuent la lecture sont identifiés par le code suivant :

A.WA1 et A.WA2 pour les deux volumes d'Alan Walker

FLAS pour les textes de Liszt extraits de *Artiste et Société*

J.CHA pour l'ouvrage de Jean Chantavoine

HKLC pour la Correspondance de Liszt éditée par P.A. Huré et C. Knepper

HKLT pour le *Liszt en son temps* (mêmes auteurs)

R.STR pour le livre de Rémy Stricker

S.GUT pour le livre de Serge Gut

Pour plus de détails, se reporter à la bibliographie.

1811-1830
Vie et « mort » d'un enfant prodige

Les grands hommes ont souvent une sensibilité particulière à ce qu'on pourrait appeler les signes avant-coureurs de leur destin. Goethe, au début de *Poésie et Vérité*, relève la configuration exceptionnelle des astres qui présida à sa naissance. Dans la première biographie de Franz Liszt, publiée alors qu'il avait vingt-quatre ans par son ami Joseph d'Ortigue, on lit : « Frantz Liszt est né à Raiding, village de Hongrie, le 22 octobre 1811, année de la comète. Nous soulignons cette particularité parce que les parents du jeune virtuose virent une sorte de pronostic dans cette coïncidence de l'apparition du phénomène avec la naissance de leur enfant. »

Mais, plus déterminant que ce prodige, fut sans doute comme pour Mozart l'emprise d'un père. Adam Liszt avait alors trente-cinq ans et deux passions : la religion et la musique. À la cour des Esterházy, où il avait fréquenté Haydn et Hummel, il jouait du violoncelle dans l'orchestre et chantait comme basse dans la chorale. Il était aussi bon pianiste amateur. La promotion qui l'envoya comme intendant des bergeries dans le bourg de Raiding, le privant de réjouissances musicales, allait en faire un homme frustré qui, tel Léopold Mozart, reporta sur son fils ses rêves inaccomplis. Quant à l'autre passion, c'était l'attirance pour le message d'amour et de dépouillement du « poverello di Dio », saint François d'Assise. À l'âge de vingt ans, Adam avait été novice dans un monastère franciscain, avant de le quitter, pris qu'il était par le démon de la musique. Il ne renia jamais sa sympathie pour cet ordre, baptisa son fils Franciscus et l'emmena visiter son ancien monastère de Malacka, près de Presbourg. Franz héritera des deux passions paternelles et les vivra pleinement, au point que le sentiment religieux sera l'une des constantes les plus visibles de sa vie.

Premiers pas sur la scène du monde

La première œuvre qui révéla les dons musicaux de « Frantzi » fut le *Concerto en ut dièse mineur* de Ferdinand Ries, qu'Adam joua en sa présence : l'enfant, âgé de six ans, en chanta aussitôt le motif principal, ce qui engagea son père à lui donner d'ardentes leçons de musique et de piano. Franz montrait une facilité prodigieuse à lire à vue, à transposer, à improviser. Le 13 avril 1820, Adam adressa une supplique à son prince Esterházy, lui demandant un congé d'un an avec solde, pour emmener son fils étudier auprès des meilleurs maîtres. Mais ce n'était plus Nicolas Joseph le Magnifique, qui avait fait d'Esterháza le paradis musical de la Hongrie. C'était son petit-fils Nicolas dont le père avait réduit l'orchestre, congédié Haydn puis était retourné s'établir à Eisenstadt. *Sua passion predominante* était de courir le jupon sur ses domaines. Aussi laissa-t-il partir son intendant sans aide financière durable. Adam Liszt organisa un concert où Franz, âgé de neuf ans, joua brillamment le *Concerto* de Ries. Cinq magnats hongrois s'engagèrent sur le champ à verser une bourse de 600 florins pour financer les études du prodige. Hummel, ancien collègue et ami d'Adam, sollicité pour des leçons, réclamait des sommes exorbitantes. Adam fit alors le voyage de Vienne pour présenter son fils à un autre maître très renommé, Carl Czerny, ancien élève de Beethoven, âgé seulement de trente ans : « Un matin de [1821], un homme vint à moi accompagné d'un garçonnet d'environ [dix] ans, me priant de le laisser jouer quelque chose au fortepiano. C'était un enfant pâle, d'apparence fragile, qui, en jouant, se balançait sur sa chaise comme un ivrogne, au point que je pensais souvent qu'il allait tomber par terre. Son jeu était aussi très irrégulier, sans pureté, confus, et il avait si peu de notions du doigté qu'il lançait ses doigts sur les touches de façon tout arbitraire. Mais ceci mis à part, je fus étonné du talent que lui avait donné la nature. [...] Je n'avais jamais eu jusque-là d'élève aussi zélé, aussi génial, aussi travailleur. [...] La gaîté et la bonne humeur constante du jeune Liszt, à côté du développement si extraordinaire de son talent, firent que mes parents l'aimèrent comme un fils, et moi comme un frère et que non seulement je lui donnais des cours gratuitement, mais je lui soumettais toutes les partitions musicales qui représentaient ce qui avait existé jusqu'à cette époque de bon et d'utile. Un an plus tard, je pus déjà le faire jouer en public et il souleva à Vienne un enthousiasme dont peu de musiciens peuvent se flatter. [...] les gens n'avaient vraiment pas tort de penser qu'ils voyaient naître alors un nouveau Mozart. »

Entretenue par une nouvelle de Pouchkine qui inspira l'opéra de Rimski-Korsakov et, récemment, par le film de Milos Forman, la légende veut que Mozart ait été empoisonné par Salieri. C'est l'inverse qui eut lieu : ces rumeurs empoisonnèrent la vieillesse du compositeur, qui en mourut. Personnage particulièrement généreux et désintéressé, il fut le second maître de Franz à Vienne. La lettre qu'il écrivit au prince Esterházy pour que son élève puisse s'installer à proximité de chez lui, est une preuve de son tact : jamais il n'en souffla mot à la famille Liszt.

Dès lors que Salieri et Czerny prirent en mains le jeune virtuose, ils dissuadèrent fort heureusement son père de le produire en public avant qu'il ait parachevé sa formation. De cette époque (1822), nous reste la variation sur une valse de Diabelli. Franz la composa à la demande de ce mécène qui s'était adressé à cinquante des plus grands pianistes compositeurs de son temps. Beethoven se singularisa, comme on le sait, par ses *Trente-trois variations*. La variation de Schubert est de loin la plus musicale. Celle de Franz emporte par sa fougue, son invention, son énergie. Les Hummel, Kalkbrenner, Moscheles etc., tous virtuoses en vogue à l'époque, paraissent en comparaison s'égarer dans leurs pianotages.

La conquête de Paris

Le 20 septembre 1823, la famille Liszt quittait Vienne. Le 26 septembre, elle arrivait à Munich. À partir de ce jour, un cri se propagea dans toute l'Europe : « Revoici Mozart ! » « Depuis Mozart qui étonna plusieurs cours de l'Europe à l'âge de huit ans, le monde musical n'a certainement rien vu de plus surprenant que le jeune List» (*L'Étoile*, Paris, 22 décembre 1823).

C'en est fait, depuis hier au soir, je crois à la métempsycose. Je suis convaincu que l'âme et le génie de Mozart sont passés dans le corps du jeune List » (*Le Drapeau blanc*, Paris, 9 mars 1824).

Lors de ses premiers concerts parisiens dans des demeures privées, chez la duchesse de Berry, chez le duc d'Orléans (futur roi Louis-Philippe), Franz rencontra d'emblée le succès, jamais les déconvenues de l'enfant Mozart chez le prince de Conti. Le 7 mars 1824, il donna son premier concert public salle Louvois. Ce fut un triomphe. Cependant la venue des Liszt à Paris avait un autre but : « Je me souviens de l'indicible émotion que me firent éprouver [...] ces paroles paternelles : “Franz, tu en sais maintenant plus long que moi, mais d'ici à six mois je te conduirai à Paris. Là, tu entreras au Conservatoire, et tu travailleras sous les auspices et la direction des maîtres les plus renommés...” »

Mais le directeur, l'Italien Cherubini, refusa de l'inscrire au motif que l'institution n'accueillait pas d'étrangers ! Pour l'enfant, qui avait placé tant d'espérances dans ce projet, ce fut un traumatisme indélébile : « Il me semblait que tout était perdu, même l'honneur, et que désormais il ne me restait plus aucune ressource. Mes plaintes, mes gémissements n'eurent point de cesse. Mon père et ma famille adoptive [les Érard] tentèrent vainement de me consoler. La plaie était trop profonde; elle continua de saigner longtemps. » [FLAS, 35]

Franz se rabattit sur les cours privés, avec Reicha pour la théorie, Paër pour la composition. Ce dernier l'aida à tenter un nouveau coup d'éclat : présenter à quatorze ans son premier opéra devant le public parisien. L'ouvrage, *Don Sanche ou le château d'amour*, fut examiné avec enthousiasme par un jury où siégeaient Boieldieu, Lesueur et même… Cherubini. Il fut créé le 17 octobre 1825 à l'Opéra de Paris avec, dans le rôle-titre, la star des ténors de l'époque, Adolphe Nourrit. Le succès fut mitigé. Plus tard, Franz Liszt fera d'autres tentatives d'écriture d'opéras, sur des livrets inspirés de Byron (*Le Corsaire* et *Manfred* en 1842, *Sardanapale* en 1846) ou de Walter Scott (*Richard en Palestine* en 1846). Aucune n'aboutira, même s'il nous reste de *Sardanapale* – le projet le plus avancé – une centaine de pages d'esquisses pour piano. En revanche, Liszt publia en 1826 chez Boisselot, à Marseille, son *Étude en douze exercices*, qui est le germe des futures *Études d'exécution transcendante*.

La mort du père

On a tant comparé le jeune Franz à l'enfant Mozart qu'on a un peu le sentiment, lorsque Adam Liszt meurt brutalement, le 28 août 1827, que c'est Léopold Mozart qui disparaît. Le drame eut lieu à Boulogne-sur-mer où l'adolescent et son père prenaient les eaux pour se reposer des fatigues de deux ans de tournées incessantes à travers la France (deux tournées), l'Angleterre (trois), la Suisse (une). On imagine le coup de tonnerre qui frappa le jeune homme de seize ans. Songeant que Mozart écrivit son irrévérencieuse *Plaisanterie musicale* dans les heures qui suivirent le décès de Léopold, on devine les impressions douloureusement ambivalentes d'amour et de haine, de soulagement et de détresse qui pesèrent sur Franz et qu'il refoulera longtemps, au point que cet infatigable voyageur ne s'arrêta pas une seule fois sur la tombe d'un père qui avait joué pour lui le rôle du Commandeur ! Ce père mourant s'était efforcé de graver ses recommandations dans le cerveau impressionnable de son enfant. Le message d'Adam Liszt était simple : Franz, tu te crois attiré par l'*Église*, mais tu dois uniquement servir l'*art* et… méfie-toi des *femmes*. Étrangement, cette mise en garde décline la trinité lisztienne au complet. « Sur son lit de mort, à Boulogne-sur-mer, il me disait que j'avais bon cœur et ne manquait pas d'intelligence – mais qu'il craignait que les femmes troubleraient mon existence et me domineraient. Cette prévision était singulière, car je n'avais alors à seize ans nulle idée de ce que pouvait être une femme. » (À Carolyne, 26 août 1874 – HKLC 509).

« Je suivais seulement, en simplicité et droiture de cœur, l'ancien penchant catholique de ma jeunesse. S'il n'avait été contrarié dans sa première ferveur par ma très bonne mère et mon confesseur, l'abbé Bardin, il m'eût conduit au séminaire en 1830, et plus tard à la prêtrise. Ma mère n'avait d'autre appui que moi, son enfant unique – et l'abbé Bardin, assez amateur de musique, tint peut-être trop compte de ma petite célébrité précoce, en me conseillant de servir Dieu et l'Église dans ma profession d'artiste, sans aspirer incontinent aux sublimes vertus du sacerdoce. [...] toujours est-il que les chères tendresses de ma mère et la prudence de l'abbé Bardin m'ont laissé aux prises avec des tentations que je n'ai su vaincre qu'insuffisamment ! » (À Carolyne, 18 juillet 1879 – HKLC, 546)

Mais ce sont là les considérations rétrospectives d'un vieil homme dont les amours coupables (avec ses deux compagnes successives, Marie d'Agoult, puis Carolyne von Sayn-Wittgenstein), enfreignant les sixième et neuvième commandements (« tu ne commettras pas d'adultère », « tu ne convoiteras pas la femme de ton prochain »), ont abouti à des échecs où il pressent la sanction de la Providence. Il a oublié le Liszt dionysiaque, celui qu'admirait Nietzsche, celui pour qui il n'y avait pas de contradictions entre les femmes, l'Art et Dieu, mais une circulation des énergies sous la conduite de l'Amour. Le vieux Liszt renouait ainsi avec les tourments religieux de son adolescence...

Une humiliation riche d'avenir

Pour subvenir aux frais de l'enterrement de son père et pour financer le voyage de sa mère Anna, qui devait venir d'Autriche (Graz), le jeune homme vendit son beau piano à queue, cadeau des Érard, célèbres fabricants d'instruments, devenus d'intimes amis. La mère et le fils s'installèrent à Paris, 7 rue Montholon, face à l'église Saint-Vincent-de-Paul – l'actuelle place Franz Liszt. Afin de les faire vivre tous deux, Franz enseigna le piano et l'harmonie dans une institution de jeunes filles. Attirée par son renom, la société la plus élégante venait le chercher pour des leçons à domicile.

Lorsque, dans sa première *Lettre d'un bachelier ès musique*, il évoque une « femme chaste et pure comme l'albâtre des vases sacrés » qu'il offrit en hostie dans les larmes « au dieu des chrétiens » ; lorsque, à la fin de sa vie, il parle à Carolyne Wittgenstein d'amours qui « ont commencé bien tristement », c'est Caroline de Saint-Cricq, fille du ministre du Commerce, qui ressurgit dans sa mémoire. Ce premier amour se développa sous l'œil favorable de la mère de la jeune fille, atteinte d'un mal incurable. Pendant les leçons, on parlait poésie, littérature, religion ; on se prenait la main... À la mort de sa femme, monsieur de Saint-Cricq découvrit soudain qu'un jeune homme « pas même né », bohémien, qui avait cru se faire un nom en tirant un piano au hasard des routes, courtisait son enfant. Fureur et mépris : Caroline et Franz furent irrémédiablement séparés en juillet 1828.

Le premier des deux complexes de Franz – le second étant le regret de n'avoir pas fait d'études suivies, et le doute sur ses capacités littéraires – s'enracine dans cette humiliation sociale, qu'il n'oubliera jamais. Son écrit virulent de 1835 sur la situation des artistes, un de ses premiers textes publiés, est motivé par cette blessure : « le FAIT *principal*, *dominant*, qui ressort de l'histoire de la musique et des musiciens, depuis deux siècles, – c'est leur SUBALTERNITÉ. » De même, sa *Lettre d'un bachelier ès musique* de janvier 1837 : « Je me laissai déborder par un amer dégoût de l'art, réduit, tel que je le voyais, à un métier plus ou moins lucratif, à un amusement à l'usage de la bonne compagnie, et j'eusse voulu être tout au monde plutôt que musicien aux gages des grands seigneurs, patronisés et salariés par eux, à l'égal d'un jongleur ou du savant chien Munito. »

Désormais toute la vie de Liszt ne sera qu'un long combat – dont il faut mesurer l'audace et l'ambition – pour faire de la musique l'égale de la poésie, mieux reconnue dans la société, et de l'artiste un roi qui en impose aux têtes couronnées elles-mêmes ! Séparé d'avec Caroline, Franz désespéré fit une maladie de deux années, perdit son bel enthousiasme, délaissa ses leçons, ne se nourrit plus et rêva de mourir. En retrait complet de la scène publique, il eut la surprise de lire dans *Le Corsaire* du 23 octobre 1828 : « Le jeune Liszt vient de mourir à Paris. [...] Si l'on considère tous les malheurs qui s'attachent au talent, tous les monstres qui croissent autour du génie, qui le suivent obstinément et l'accompagnent jusqu'au dernier de ses pas; si l'on pense que chaque succès éveille l'envie, fait s'agiter l'intrigue et rougir la médiocrité, peut-être on trouvera qu'il est heureux pour cette fleur d'être tombée avant d'avoir supporté tous les orages qui devaient fondre sur elle. »

Et la notice de l'enterrer en le comparant une dernière fois à Mozart. Le merveilleux est que cette mort symbolique sonnait l'heure de la première métamorphose.

1830-1834
Les rencontres formatrices, deux amis, un diable et un saint

En 1815, après la chute de Napoléon Ier, le congrès de Vienne avait réorganisé l'Europe sous l'influence de personnalités telles que Metternich ou Talleyrand. En France, quinze années de Restauration ramenèrent sur le trône les deux frères cadets de Louis XVI, Louis XVIII (jusqu'en 1824) puis Charles X. Ce dernier promulgua des mesures très sévères. Aggravées par la crise économique de 1829, elles conduisirent aux trois journées révolutionnaires (« les Trois Glorieuses ») où le peuple de Paris se souleva pour défendre les libertés. Le 27 juillet, les fusillades éclatèrent, les barricades furent dressées. Deux jours plus tard, la dynastie des Bourbons était définitivement renversée. Selon Anna Liszt, le bruit des émeutes, le fracas du canon furent le choc salutaire qui sortit Franz de l'apathie : il esquissa une *Symphonie révolutionnaire*, première incursion hors du domaine pianistique. Une tentative pleine de promesses attestant, pour Serge Gut, « son désir d'universalisme et de fraternité des peuples ».

L'appétit de savoirs

Les années 1830-1834 sont une période charnière. Pris d'une voracité encyclopédique, Liszt fait exploser ses connaissances en sorte qu'elles nourrissent son interprétation musicale de toutes les richesses de la pensée. L'homme et l'artiste prennent de l'étoffe. En témoignent les croquis sur le vif de madame Boissier, venue à Paris dans les premiers mois de 1832, accompagner sa fille Valérie aux leçons du jeune professeur. Il faudrait tout citer de cette chronique, tant l'observation y est fine et l'écriture peu datée : « "*Abandon, naturel et passion*", voilà sa devise. Son expression n'est jamais prétentieuse ni mondaine, elle est le reflet de son âme qui est fière, sauvage, indépendante et ardente au dernier point [...]. Il est éminemment méditatif et réfléchi. Cette tête-là est celle d'un penseur, et c'est même un phénomène remarquable chez un homme de vingt ans d'entendre mesurer et approfondir toutes ses paroles, sans en jeter jamais une seule au hasard, comme tant de gens et presque tous.

« Pour peindre ainsi, il faut avoir beaucoup vu et beaucoup senti, aussi Liszt recherche-t-il avidement toutes les émotions. Il se collette, pour ainsi dire, avec la nature souffrante, il épie le langage de toutes les douleurs. Il visite les hôpitaux, les maisons de jeux, les établissements de fous. Il descend dans les cachots, il a vu même des condamnés à mort ! C'est un jeune homme qui pense beaucoup, qui rêve, qui excuse toutes choses, il a le cerveau aussi exercé, aussi extraordinaire que les doigts et s'il n'eût pas été un musicien habile, il eût été un philosophe, un littérateur distingué » [HKLC, 130].

De fait, Franz écrit à son ami Pierre Wolff que son esprit et ses doigts « travaillent comme deux damnés ». Il étudie et médite pêle-mêle Homère, la Bible, Platon, Locke, Byron, Chateaubriand, Beethoven, Bach, Hummel, Mozart, Weber... Et la frénésie perdure puisqu'en 1836 il demande à sa mère de lui envoyer en Suisse les ouvrages de Bernardin de Saint-Pierre, Fénelon, Bossuet, saint Augustin, saint Bernard, Ballanche, Shakespeare et Byron (en anglais), Massillon, Bourdaloue, Plutarque, Montesquieu, un volume des moralistes français, Montaigne, Rabelais, La Fontaine, quatre volumes du théâtre français, Chénier; sans oublier « ses bons amis » : *Lélia* de George Sand, *Volupté* de Sainte-Beuve, *Werther* et *Le Nouveau Christianisme* de Saint-Simon. Pour les auteurs vivants, non seulement il les lit mais il les fréquente intimement : « ... quand il avait pénétré la pensée de l'écrivain, il allait chez lui pour lui demander compte de sa pensée d'homme. C'est ainsi que Liszt s'est lié avec MM. Lamartine, Lamennais, Hugo, Vigny, Sainte-Beuve, Ballanche, Sénancour, Mme Dudevant [G. Sand], etc. »

On pourrait ajouter à cette observation de Joseph d'Ortigue, les noms d'Edgar Quinet, Charles Nodier, Musset, Heine, Alexandre Dumas, Balzac et bien d'autres. Jamais musicien n'a fréquenté autant d'écrivains. Liszt qui garda toute sa vie le complexe de n'avoir pas reçu de formation générale systématique, ne s'est pas rendu compte que la douloureuse conscience de cette défaillance originelle lui avait permis d'acquérir une culture d'une ampleur et d'une fraîcheur exceptionnelles. D'où cependant sa grande vigilance, même à distance, pour que soit assurée à ses enfants une formation solide.

Paganini sublime et sulfureux

La diabolique virtuosité de Paganini et son apparence inquiétante – tout de noir vêtu, défiguré par un cancer de la gorge – nourrissaient la rumeur : suppôt de Satan, il avait assassiné sa maîtresse et fabriqué avec les boyaux de la morte la quatrième corde de son violon... Le 22 avril 1832, Liszt l'entendit à l'Opéra. Il en reçut ce choc : la virtuosité absolue. Rêvant d'égaler le prodige, voire de le dépasser, il se mit à travailler frénétiquement sa technique : « quatre à cinq heures d'exercices (tierces, sixtes, octaves, trémolos, notes répétées, cadences, etc. »)

Il va s'agir pour lui de faire sonner le piano comme jamais, le faire sonner comme un instrument monstre, un véritable orchestre, le roi des instruments. Non par des nouveautés acrobatiques, mais par des acquisitions techniques considérables, décisives dans l'histoire du jeu, par une exploration en profondeur de ses possibilités, en lui faisant sortir tout ce qu'il a dans les entrailles, en le soumettant à la puissance des doigts, des bras, d'un corps en action, et d'une âme en ébullition. Et parvenir ainsi à l'effet inouï. Entreprise de Titan ou approche mystique ? Ce que dit Franz des liens sacrés qui l'unissent à son piano va jusqu'au sentiment de fusion amoureuse avec l'instrument quasi divinisé : «... voyez-vous, mon piano, c'est pour moi ce qu'est au marin sa frégate, ce qu'est à l'Arabe son coursier, plus encore, peut-être, car mon piano, jusqu'ici, c'est moi, c'est ma parole, c'est ma vie; c'est le dépositaire intime de tout ce qui s'est agité dans mon cerveau aux jours les plus brûlants de ma jeunesse; c'est là qu'ont été tous mes désirs, tous mes rêves, toutes mes joies et toutes mes douleurs. [...] ma ferme volonté est de n'abandonner l'étude et le développement du piano que lorsque j'aurai fait tout ce qu'il est possible, ou du moins tout ce qu'il m'est possible, de faire aujourd'hui. Peut-être ce sentiment religieux qui m'attache au piano me fait-il illusion; mais je regarde son importance comme très grande...» (*Lettres d'un bachelier ès musique*, «III : à M. Adolphe Pictet, 1837»)

Il faut tordre le cou au cliché selon lequel virtuosité implique nécessairement artifice, superficialité. Si elle présente ce danger, elle a aussi une autre face, proprement lisztienne : céder à la tentation vertigineuse, atteindre à des hauteurs jusque-là inaccessibles à l'imagination musicale. Rémy Stricker ajoute justement qu'elle est «un dépassement nullement égoïste», qui ouvre à l'interprète des «horizons immenses». La transcendance instrumentale est explorée, conquise par Liszt à travers plusieurs compositions originales : les douze *Études d'exécution transcendante* et les six *Grandes Études* de Paganini; ainsi que dans les transcriptions dont on verra qu'elles ne «réduisent» pas l'orchestre, mais le font entendre par le truchement du seul clavier.

Les *Études d'exécution transcendante*

Ce titre fut donné en 1851 au cahier des douze *Grandes Études* publié en 1837, qui lui-même reprenait les *Études* de 1826. Disons ici une fois pour toutes que Liszt ne cessa de remettre en chantier ses compositions, de les modifier. On parlerait aujourd'hui de *work in progress*. Chacune des versions successives est une proposition singulière, correspondant à un moment de sa pensée créatrice, et il faut se garder de les lire comme le cheminement maladroit vers une forme aboutie et parfaite. L'auditeur contemporain doit composer avec cette forme particulière de créativité, vivante et mouvante.

Liszt conserve dans les trois versions l'ordre des tonalités et l'alternance entre majeur (pièces paires) et mineur (pièces impaires). En 1851, il baptise dix des douze pièces par une indication poétique ou descriptive : « Preludio » (n° 1), « Paysage » (n° 3), « Mazeppa » (n° 4), « Feux follets » (n° 5), « Vision » (n° 6), « Eroica » (n° 7), « Wilde Jagd » (Chasse sauvage, n° 8), « Ricordanza » (Souvenir, n° 9), « Harmonies du soir » (n° 11) et « Chasse-neige » (n° 12). Deux études restent sans titre : la n° 2 en la mineur (*molto vivace*) et la n° 10 en fa mineur (*allegro molto agitato*). Toutes les pièces des versions 1837/1851 jouent sur des variations d'atmosphère, fondées sur le contraste entre la brillance du jeu virtuose (n° 2, 4, 8, 10...) s'exprimant avec violence et fougue (n° 4, n° 7) ou à travers de troubles lueurs (n° 5), et d'autre part la grâce poétique (n° 3) orientée vers le lyrisme d'un grand nocturne plein de ferveur et de noblesse (n° 11) ou vers l'image désolée d'un paysage hivernal (n° 12).

Les six *Grandes Études de Paganini*

Leur titre date aussi de 1851. Elles remontent aux *Études d'exécution transcendante d'après Paganini* de 1838, qu'il ne faut pas confondre avec les *Études d'exécution transcendante* dont on vient de rendre compte. Le feu d'artifice virtuose qui les caractérise, surtout dans la première version (celle de 1851 tend à plus de simplicité), s'inspire directement de certains *Caprices* de l'op. 10 (les 1er, 5e, 6e, 9e, 17e, 24e) de l'Italien, le piano rivalisant avec la technique de l'archet et s'efforçant de la dépasser. Conformément à la notion d'étude apparue au début du XIXe siècle, chaque pièce aborde un trait de technique instrumentale – mais sans raideur didactique, avec panache et musicalité. L'*Étude 1* en sol mineur est centrée sur les trémolos et la suivante, en mi bémol majeur, sur les gammes et les octaves ; la célèbre *Étude 3*, en sol dièse mineur, intitulée *La Campanella*, est une version simplifiée d'une pièce de 1832 réputée terrifiante par ses exigences virtuoses (*Grande Fantaisie sur « la Clochette » de Paganini*, écrite sous l'emprise de l'émotion artistique provoquée par l'audition de Paganini jouant son *Second Concerto* pour violon). Alors que celle-ci traite des notes répétées, l'*Étude 4*, en mi majeur concerne les arpèges et l'*Étude 5* en mi majeur (« La Chasse ») les doubles notes. L'*Étude 6*, série de dix variations à partir d'un thème fameux (il inspirera Brahms pour son opus 35), récapitule les différents aspects techniques abordés par le recueil. Dans sa version de 1838, cette dernière a suscité l'effroi admiratif de Robert Schumann : « Il s'y trouve, souvent dans de très courts passages de quelques mesures, des difficultés d'un ordre *immense*, d'un ordre tel que Liszt lui-même a dû être forcé de les étudier pour les jouer. Quiconque possède *ces* variations-*là*, et de façon qu'elles défilent devant nous, dans la légère et lutinante allure qu'elles doivent avoir, comme les scènes détachées d'un théâtre de marionnettes, celui-là peut en toute confiance courir le monde, pour revenir ensuite dans son pays chargé de lauriers dorés comme un autre Paganini-Liszt. » (*Sur les Musiciens* in S. GUT, 293)

Liszt composera encore six autres études de concert. En 1848, les *Trois caprices poétiques* de 1848 (*Il lamento* ; *La leggierezza* ; *Un sospiro*) ; en 1851, *Ab irato*. Enfin, en 1862-1863, *Deux études de concert* où la virtuosité est devenue éblouissement poétique, nous entraînant du côté du fantastique, à l'orée de paysages hantés par des présences surnaturelles, rendues palpables par la course des doigts, enchanteresse et volubile (« Murmures de la forêt », *Waldesrauschen*), ou plus incisive, follement dansante et presque sarcastique (« Ronde des lutins », *Gnomenreigen*). Par l'esprit et l'atmosphère, cette « ronde » nous projette dans un univers qui fait écho aux couleurs orchestrales du romantisme allemand et de la fantaisie shakespearienne (on songe aux scherzos du *Songe d'une nuit d'été* de Mendelssohn ou à celui de « la reine Mab » dans *Roméo et Juliette* de Berlioz). Au plan strictement pianistique, elle préfigure les scintillements inquiétants du Ravel de *Gaspard de la nuit* (« Ondine » et « Scarbo »).

Berlioz et le désir de transcrire

Tout aussi déterminante fut la rencontre de Berlioz, après la création, le 5 décembre 1830, de la *Symphonie fantastique* que Liszt réécouta avec plus de profit, plus d'enthousiasme encore, en décembre 1832. Il la transcrivit pour le piano l'année suivante, permettant notamment à Schumann d'analyser l'œuvre dans un article important. Il avait conscience de l'importance historique de son travail : « Car les *arrangements* faits jusqu'ici des grandes compositions vocales et instrumentales accusent, par leur pauvreté et leur uniforme vacuité, le peu de confiance que l'on avait dans les ressources de l'instrument. Des accompagnements timides, des chants mal répartis, des passages tronqués, de maigres accords *trahissaient* plutôt qu'ils ne *traduisaient* la pensée de Mozart et de Beethoven. Si je ne m'abuse, j'ai donné, en premier lieu, dans la *Symphonie fantastique*, l'idée d'une autre façon de procéder. Je me suis attaché scrupuleusement, comme s'il s'agissait de la traduction d'un texte sacré, à transporter sur le piano, non seulement la charpente musicale de la symphonie, mais encore les effets de détails et la multiplicité des combinaisons harmoniques et rythmiques. (*Lettres d'un bachelier ès musique,* « III : à M. Adolphe Pictet, 1837 »)

Commence un labeur immense, constant : les transcriptions – appelées de préférence *Partitions de piano* par Liszt qui se garde bien d'employer les termes péjoratifs de « réduction » et d'« arrangement » – occupent dans le corpus lisztien une place considérable, sans être des œuvres de pure création puisque leur originalité est fondée sur l'imitation. Citons : les neuf *Symphonies* de Beethoven (entre 1837 et 1864), les *Six Préludes et Fugues* pour orgue de Bach (1842-1850), *Harold en Italie* de Berlioz (1836), les *Six chants polonais* de Chopin (1847-1860), le « Confutatis » et le « Lacrymosa » du *Requiem* de Mozart (1865), l'ouverture du *Guillaume Tell* (1837) et l'air de ténor du *Stabat Mater* (1847) de Rossini, la *Danse macabre* de Saint-Saëns (1876), des pages de Verdi, de Weber et de Wagner (« Ouverture » de *Tannhäuser*, extraits de *Lohengrin*, « Chant des Fileuses » et « Ballade » du *Vaisseau fantôme*, « Liebestod » *de Tristan et Isolde...*)

Il faut y ajouter un nombre important de transcriptions de lieder de Schumann (« Widmung », « Frühlingsnacht » extrait du *Liederkreis* op. 39), de Mendelssohn, et surtout de Schubert : entre 1833 et 1846, Liszt transcrivit presque une soixantaine des mélodies schubertiennes aujourd'hui les plus fameuses, *Erlkönig* (Le Roi des aulnes), *Die junge Nonne* (la Jeune Nonne), *Lob der Tränen*, *Gretchen am Spinnrade* (Marguerite au rouet), *die Forelle* (La Truite), *Ave Maria*, de larges extraits des cycles du *Voyage d'hiver* et de *La Belle Meunière* et du *Chant du Cygne*...). Alors que ses transcriptions de Beethoven ou de Bach, par exemple, sont louées pour leur rigueur et leur sobriété, celles de Schubert ont été longtemps critiquées à cause d'ajouts jugés inopportuns. Mais toutes avaient au moins un mérite : à une époque où la vie artistique était limitée à quelques grandes villes et aux seuls concerts, elles ont popularisé des œuvres et des compositeurs alors méconnus.

Deux autres caractères de la transcription méritent d'être soulignés. Lorsque Liszt éprouvait une émotion admirative face à l'art d'autrui, il aimait en nourrir son propre univers créateur. S'y ajoutent un goût de la métamorphose qui s'exerce aux dépens de la forme définitive, une volonté de faire vivre la substance musicale en multipliant ses avatars, faisant que l'œuvre « absorbée » réapparaît sous une forme neuve. Aussi bien Liszt transcrivit-il ses propres œuvres – et nous trouvons dans son corpus des partitions pour piano qui reprennent mélodies, œuvres orchestrales (le deuxième mouvement de sa *Faust-Symphonie*) ou bien encore chorales (le *Via Crucis* par exemple).

Chopin, le poète du piano

La rencontre avec Chopin, le 26 février 1832, lors de son premier concert public à Paris, révéla à Franz une façon d'interpréter et de sentir la musique tout à l'opposé, qui, selon Serge Gut, servit d'antidote à l'influence de Paganini. « Il faut certainement accorder à Chopin le génie dans toute l'acception du mot. Il n'est pas seulement virtuose, mais bien poète aussi : il peut nous révéler la poésie qui vit dans son âme ; c'est un musicien poète, et rien n'est comparable à la jouissance qu'il nous procure quand il improvise sur le piano. Il n'est en ce moment ni Polonais, ni Français, ni Allemand, il trahit une plus haute origine : il vient du pays de Mozart, de Raphaël, de Goethe ; sa patrie véritable est le pays de poésie. » (Henri Heine, 1838 – HKLT, 220)

Les deux pianistes compositeurs devinrent aussitôt intimes, malgré l'opposition de leurs tempéraments, le naturel réservé voire un peu suspicieux de Chopin contrastant avec l'enthousiasme et la générosité bon enfant de Liszt. L'idée répandue de les associer comme deux incarnations fraternelles de la musique romantique ne correspond pas à la réalité ni à l'évolution de leurs liens. S'il est vrai qu'au début, ils jouèrent souvent ensemble (Chopin dédia ses *Études op. 10* à Liszt), rapidement le Polonais se tint à distance, gêné par la personnalité de son camarade, et peu admiratif de ses compositions... Amitié musicale donc à sens unique – comme ce sera généralement le cas pour Franz, qui ne cessa d'approfondir l'approche des œuvres de Chopin. Il les inscrivit régulièrement à ses programmes de concert. Il les fit travailler à ses élèves. Sans aucune réciprocité. Quand Chopin mourut en 1849, Liszt entreprit de rédiger une étude biographique, publiée en 1852, hélas alourdie par le style de Carolyne Wittgenstein. Surtout, plusieurs compositions sont littéralement hantées par le souvenir de Chopin : la partie centrale de « Funérailles » (on le verra à propos des *Harmonies poétiques et religieuses*) ; les six pièces courtes des *Consolations* (1849/1850) au titre emprunté à un recueil de poèmes de Sainte-Beuve, contiennent notamment un morceau (le troisième « *lento placido* ») en ré bémol majeur proche du *Nocturne* op. 27 n° 2. Liszt se mit aussi à aborder des formes qui étaient jusque-là l'apanage du compositeur polonais, comme s'il voulait rependre le flambeau, perpétuer le souvenir de son esprit : il signa une *Mazurka brillante* (1850), l'année suivante deux *Polonaises*, puis deux *Ballades* (1848, 1853) et une *Berceuse* (1854).

Lamennais prophétique, exaltant

Avec la rencontre de cet abbé extraordinaire, en avril 1834, Franz se mua en *révolté de Dieu*, en champion de l'artiste pur, qui renverse les marchands du Temple et annonce la venue d'un art salvateur. Cette métamorphose s'enracinait naturellement dans l'humiliation ressentie lors de la séparation forcée d'avec Caroline de Saint-Cricq.

Liszt avait été introduit trois ans plus tôt dans les cercles saint-simoniens. Le comte de Saint-Simon (mort en 1825) faisait reposer l'espoir des hommes sur la domestication de la nature et sur les forces productives de l'humanité (les banquiers, les industriels, les artistes). Ses disciples privilégiaient les artistes comme médiateurs et prophètes du progrès social. Ainsi l'orateur Émile Barrault : « Un seul art garde un vrai pouvoir, c'est la musique [...] la seule langue commune entre les hommes. Dans un tel état de choses, la poésie tout entière est dans la musique, et les paroles demeurent légitimement subalternisées, jusqu'à ce que la poésie, revêtant la précision, rétablisse un accord puissant entre les vers et la musique. » (*Aux artistes du passé et de l'avenir des Beaux-Arts*)

On trouve là en germe l'un des grands apports lisztiens : la fertilisation de la musique par la poésie. Une autre tendance du mouvement, animée par Prosper Enfantin, prônait la « réhabilitation de la chair » et insistait sur le rôle de « prêtresse » de la femme révélatrice. Et Liszt qui avait eu sa première liaison avec la jeune comtesse Adèle de Laprunarède en janvier 1831, retint aussi du saint-simonisme les liens étroits unissant l'art, la religion et l'amour.

À peine ordonné prêtre, Lamennais (1782-1854) était devenu célèbre vers 1820 avec la publication de son *Essai sur l'indifférence en matière de religion* où il soutenait la supériorité du pape sur les rois. Il évolua ensuite vers un catholicisme socialisant, prônant paradoxalement la séparation de l'Église et de l'État, pour protéger les libertés religieuses d'enseignement, de presse et d'association. Condamné par le pape en 1832, Lamennais justifia sa rupture avec l'Église dans ses *Paroles d'un croyant* (mai 1834) qui firent l'effet d'une bombe dans toute l'Europe. Le 7 juillet, l'encyclique *Singulari nos* prononça son excommunication. C'est dans ce contexte survolté qu'il invita le jeune musicien à le rejoindre en septembre 1834, à La Chênaie, près de Dinan. Lamennais situait l'artiste très haut dans la société, tel une sorte de prêtre chargé de révéler la beauté au reste de l'humanité. Aussi sa parole prophétique et biblique irrigue-t-elle les premiers écrits lisztiens *De la situation des artistes et de leur condition dans la société* (rédigés à vingt-trois ans et publiés en six livraisons entre mai et novembre 1835 dans *La Gazette musicale*) et les premières *Lettres du bachelier ès musique* (« Lettre du voyageur à George Sand » ; « Lettre à Adolphe Pictet »). Mais l'essentiel est dit dans la lettre à Marie d'Agoult du 16 mai 1834, où Franz la rabroue pour les réserves qu'après Hugo, Lamartine, Sue et le « noble faubourg », elle exprimait sur le « grand prêtre consacrant par sa bouche de feu et sa plume d'airain la Liberté et l'Égalité, ces deux grands dogmes de l'humanité » : « Vous m'objectez malicieusement que *Les Paroles d'un croyant* ne sont pas évangéliques ; permettez-moi de vous répondre avec l'Évangile : « le royaume des cieux souffre violence, et il n'y a que les violents qui l'emportent » = Le fils de l'homme n'est pas venu apporter la paix, mais bien le glaive.

– Singulier Christianisme que celui de certaines gens dont la prétendue modération n'est en définitive qu'une toilette à leur lâcheté – Christianisme à l'état de mutisme et de servilité = s'enquérant tout au plus de soupes économiques et de quelques gros sous d'aumônes, – bégayant sottement quelques formules décrépites, et gisant là, par terre, sans cœur, sans entrailles, impuissant et niais en face des maux innombrables et des iniquités atroces de la société.

Oh ! si le fils de l'homme venait maintenant, où pensez-vous qu'il trouverait la foi ? » [HKLC, 65]

La leçon, tirée autant de l'humiliation naguère reçue de l'aristocrate que de la parole du saint homme, est que la position de l'artiste est à conquérir – ce qui sera l'un des objectifs de la « Période Brillante » des années 1840. C'est aussi pourquoi Liszt défendra les œuvres musicales portant le sceau du génie, indépendamment de la sympathie ou du rejet que pouvaient lui inspirer leurs créateurs. Il allait ainsi réussir à faire de l'artiste-domestique un artiste-roi – mais seul, sans le secours de ses pairs : « La plupart des grands musiciens que Liszt vit batailler pour être reconnus comme tels – Chopin, Schumann, Wagner, Berlioz, par exemple – avaient tous adopté l'idée, bien terrestre, qu'ils ne pouvaient s'affirmer que les uns contre les autres. [...] Si tant de contemporains de Liszt se retournèrent contre son universelle bienfaisance, ce fut précisément parce qu'elle *était* universelle, et non point réservée à leur propre et exclusif usage. » [A. WA1, 477]

Enfin, la rencontre de Lamennais fut le catalyseur des premières créations où le jeune Liszt manifestait sa propre voix, sous le double signe de la révolte et de la religion. Ainsi, les trois *Apparitions* (titre inspiré par Lamartine), *Pensée des morts* (dont on reparlera) et *Lyon*, marche révolutionnaire et guerrière écrite en soutien aux journées insurrectionnelles d'avril 1834, et dédiée à Lamennais qui avait pris la défense de plusieurs insurgés.

Aujourd'hui où la plus grande confusion règne autour de la notion d'artiste, il serait bon de rappeler que ce terme était indissociable pour Liszt des idées d'exigence permanente et d'excellence. Pour lui, l'art devait être à la fois social et « élitaire » en un sens qu'il faut sans relâche défendre sous peine de retomber dans le médiocre et le vulgaire : « L'art social n'est plus et n'est pas encore. Aussi, que voyons-nous le plus habituellement de nos jours ? Des statuaires ? non, des fabricants de statues. Des peintres ? non, des fabricants de tableaux. Des musiciens ? non, des fabricants de musique; partout des *artisans* enfin, nulle part des *artistes*. Et c'est encore là une souffrance cruelle pour celui qui est né avec l'orgueil et l'indépendance sauvage des vrais enfants de l'art. » (*Lettres d'un bachelier ès musique*, « II : à George Sand, janvier-avril 1837 »)

1833-1839
Marie d'Agoult et les *Années de pèlerinage*

Fulgurante, décisive, la rencontre de Marie d'Agoult – sans doute en décembre 1832 – a inspiré à celle-ci la plus belle page de ses *Mémoires*. Marie se trouvait dans le salon de la marquise Le Vayer quand, soudain, la porte s'ouvrit sur « une apparition étrange » : « ... la personne la plus extraordinaire que j'eusse jamais vue. Une taille haute, mince à l'excès, un visage pâle, avec de grands yeux d'un vert de mer où brillaient de rapides clartés semblables à la vague quand elle s'enflamme, une physionomie souffrante et puissante, une démarche indécise et qui semblait glisser plutôt que se poser sur le sol, l'air distrait, inquiet et comme d'un fantôme pour qui va sonner l'heure de rentrer dans les ténèbres, tel je voyais devant moi ce jeune génie, dont la vie cachée éveillait à ce moment des curiosités aussi vives que ses triomphes avaient naguère excité d'envie. Lorsqu'il m'eut été présenté et qu'assis près de moi avec une grâce hardie et comme s'il m'eût connue de longue date, Franz se mit à causer familièrement, je sentis, sous les dehors étranges qui m'avaient d'abord étonnée, la force et la liberté d'un esprit qui m'attirait ; et bien avant que la conversation eût pris fin, j'en venais à trouver très simple toute une manière d'être et de dire inusitée dans le monde où j'avais toujours vécu. » [HKLT, 144]

Froideur et passion

Lorsqu'elle connut Franz, Marie était un des joyaux de l'aristocratie parisienne. Elle avait « la beauté rêveuse d'une princesse des contes du Rhin, un charme de Lorelei, le ton, l'ironie et la sécheresse raffinée d'une grande dame du XVIIIe ». L'image un brin « chromo », présentée dans les années 1930 par Blandine Ollivier, son arrière-petite-fille, a le mérite de rappeler la double origine de Marie. Elle était née en 1805 à Francfort-sur-le-Main, d'une mère allemande, Marie-Élisabeth, appartenant à une puissante famille de banquiers, les Bethmann. Veuve à dix-huit ans, celle-ci s'était compromise avec le vicomte de Flavigny – aristocrate de l'Ancien Régime, ayant fui la Révolution française – pour obliger sa mère à consentir leur mariage. Vivre avec passion, prendre des libertés avec les conventions sociales pour accorder mouvements du cœur et questions matrimoniales : un trait de caractère qui semble se transmettre de mère en fille, de Marie-Élisabeth à Marie puis à Cosima. D'autres héritages pesèrent : sa demi-sœur Augusta, de tempérament suicidaire, s'était jetée dans le Main, et Marie aura toujours l'angoisse d'être gagnée par la folie. Ses doutes sur elle-même, son penchant prononcé à des états de « spleen » (on dirait aujourd'hui ses accès dépressifs) s'exacerberont avec l'âge, au point de susciter de violentes crises qui la conduiront dans la clinique du docteur Émile Blanche. Au moment de sa rencontre avec Franz, Marie, épouse de Charles d'Agoult depuis six années, était parfaitement maîtresse d'elle-même. Cependant l'amour n'avait pas été à la source de son mariage ; et, sous l'apparence de la femme considérée calme et posée, couvait une personnalité inquiète. Elle-même se définissait par cette formule : « Six pouces de neige sur vingt pieds de lave... » D'où l'extraordinaire étincelle qui jaillit de ce croisement de destinées : « [Nos] entretiens furent dès le commencement très sérieux et, comme d'un mutuel accord, exempts de banalité. Sans hésitation, sans effort, par la pente naturelle de notre esprit, nous en vînmes tout de suite aux sujets élevés, qui seuls avaient pour nous de l'attrait. [...] Nous parlions de l'âme et de Dieu. [...] *Childe Harold*, *Manfred*, *Werther*, *Obermann*, tous les révolutionnaires superbes et désespérés de la poésie romantique étaient les compagnons de ses insomnies. Avec eux il s'exaltait dans un fier dédain des conventions, il frémissait comme eux sous le joug détesté des aristocraties qui n'avaient pas pour fondement le génie ou la vertu ; il ne voulait plus de soumission, plus de résignation, mais une sainte haine, implacable et vengeresse de toutes les iniquités. [...]

« À la voix du jeune enchanteur, à sa parole vibrante, s'ouvrait devant moi tout un infini, tantôt lumineux, tantôt sombre, toujours changeant, où ma pensée plongeait éperdue. Aucune apparence de coquetterie ou de galanterie ne se mêlait, comme il arrive entre personnes de sexe différent, entre personnes du monde, à mon intimité avec Franz. [...] nous nous abandonnions l'un et l'autre [...] à cette plénitude d'un sentiment spontané et partagé qui ne s'interroge pas, ne s'analyse pas, et qui n'a même pas besoin de se déclarer, tant il se sent compris, partagé, nécessaire et inexprimable. » [HKLT, 147]

Franz, George et Marie

La relation de Franz et de Marie entre 1833 et 1839, qui appartient au florilège des amours romantiques, est si bien documentée qu'il nous paraît plus fructueux de la considérer sous l'angle entièrement méconnu de son lien à Sand, Musset et Chopin.

Entre 1835 et 1838, Sand, Liszt et Marie d'Agoult vécurent à plusieurs reprises ensemble. L'histoire de cette intimité ne peut se comprendre si l'on ne serre de près les rapports de ces « grands fauves », qui nous livrent alors des aspects bien intéressants de leurs personnalités. Musset et l'écrivain Charles Didier (époustouflé par sa première rencontre avec Franz chez Victor Hugo) insistaient chacun de leur côté pour que la romancière connût le musicien. On peut imaginer que son intérêt, sinon son désir, ait été éveillé par de tels enthousiasmes. La rencontre se fit en octobre 1834, en un moment où elle s'était reprise de passion pour le jeune poète, qui la persécutait de sa jalousie. Une page de son *Journal intime*, en date du 19 novembre, fut à l'évidence écrite pour la justifier, auprès de Musset, de s'être intéressée au virtuose : « Est-ce [qu'Alfred] a pensé sérieusement un instant que j'allais aimer Mr Liszt ? est-ce qu'il le penserait encore ? Ah mon cher bien, si tu pouvais être jaloux de moi [...]. Mais vous n'êtes pas jaloux de moi. [...] et si j'avais pu aimer Mr Liszt de colère, je l'aurais aimé. Mais je ne pouvais pas ! [...] Je serais bien fâchée d'aimer les épinards car si je les aimais j'en mangerais, et je ne peux les souffrir. [...] Je me suis figurée pendant une ou deux entrevues qu'il était amoureux de moi, ou disposé à le devenir. Peut-être que si j'avais pu, je l'aurais agréé, mais par la grande raison des épinards, je me sentais obligée de lui dire, c'est-à-dire de lui faire comprendre qu'il fallait n'y pas penser lorsque [...] je me suis clairement convaincue à la troisième visite, que je m'étais sottement infatuée d'une vertu inutile, et que Mr Liszt ne pensait qu'à Dieu et à la Sainte Vierge qui ne me ressemble pas absolument ! Bon et heureux jeune homme ! Certes s'il en est ainsi je l'estime et l'aime beaucoup, si c'est une affectation, cela m'est fort égal car je ne le connais pas. Et quel besoin de le renvoyer dans tout cela ? Comment m'y prendrais-je, et quelle singulière raison lui donnerais-je ? »

Ce qui est passionnant dans ces confidences notées sur le vif, c'est l'habile rhétorique qui enrobe une dénégation que les biographes ont gobée : Sand ne s'est pas intéressée à Liszt par « la raison des épinards ». Suit un déni implicite de cette affirmation : elle se figure qu'il est amoureux mais, de son propre aveu, elle n'a toujours rien fait à la troisième visite pour le mettre en garde. Et c'est Liszt qui fixe le cadre de leur relation en lui assurant qu'il ne pense qu'à Dieu, sans mentionner sa liaison avec Marie, consommée – c'est-à-dire commencée – au moins depuis juillet 1834. Sand marque aussi un certain dépit lorsqu'elle évoque la possibilité d'une « affectation », donc d'une attitude défensive de la part de Liszt. Enfin, elle plaide énergiquement à deux reprises qu'elle ne saurait invoquer aucune raison valable pour ne plus le recevoir... Elle trouvera finalement la raison la plus proche de la vérité : dans sa lettre du 18 janvier 1835, elle le prie de se tenir loin d'elle pour couper court aux « soupçons si cruels » auxquels elle est en proie dans l'entourage de Musset, soupçons selon lesquels ils auraient « une liaison plus intime ». C'est bien faute d'avoir trouvé en Liszt celui qui remplacerait son ancien amant, qu'elle se décide à sacrifier son amitié.

Dès la parution d'*Indiana*, en mai 1832, Liszt s'était convaincu du génie de George. Ce fut donc avec une « folle et profonde sympathie », comparable seulement à celle qu'il venait d'éprouver pour l'abbé Lamennais, qu'il avait écouté les plaintes de la femme malmenée par le poète. Il lui tint compagnie à plusieurs reprises alors qu'elle allait particulièrement mal, faisant de son mieux pour la réconforter de façon spontanée, sincère, désintéressée, sans souffler mot de ses propres amours – ce qui l'honore – ni laisser place à aucune ambiguïté. Aussi fut-il froissé d'être congédié ce 18 janvier 1835 par cette femme qui faisait profession de braver les conventions ! Il faudra attendre quelques mois pour que l'ombre entre eux soit dissipée et leur amitié relancée.

La comtesse d'Agoult était mère de deux fillettes, Louise et Claire. L'aînée mourut en décembre 1834. Marie y vit le châtiment de Dieu, puis se révolta. Elle et son amant décidèrent de fuir hors de France. L'abbé Lamennais, voyant d'un œil mauvais une épouse et mère égarer son protégé, voulut retenir Franz. Mais Marie était déjà enceinte de trois mois. Voici son récit des événements où elle prétend n'avoir joué qu'un rôle passif :

« "Nous partons, dit Franz avec un accent étrange et en attachant sur moi un long regard qui semblait vouloir tirer du plus profond de mon cœur un consentement. [...] Nous sommes jeunes, courageux, sincères et fiers. Il nous faut les grandes fautes ou les grandes vertus. Il nous faut, à la face du Ciel, confesser la sainteté ou la fatalité de notre amour. M'entendez-vous maintenant, me comprenez-vous ?" Et les bras de Franz me saisissaient et m'étreignaient tremblante...

"Grand Dieu ! m'écriai-je.

– Votre Dieu n'est pas mon Dieu, dit Franz, en mettant sa main sur ma bouche ; il n'y en a pas d'autre que l'amour." » [HKLT, 155]

Le 2 juin, Marie arrivait à Bâle avec son frère et sa mère, sans avoir encore parlé. Le 10, tout étant dit, elle rejoignit Franz à son hôtel. Durant deux mois, ils visitent la Suisse. Le 19 juillet, ils s'installent à Genève, ville des exilés... On ne redira pas ici les déboires de Marie, qui ne pouvait se montrer en société. La même Mme Boissier, qu'on avait vue si réceptive au charme et au génie du virtuose, à Paris, en 1832, fut effarée par son mépris des conventions : « Liszt est englobé dans un système fort immoral qui se rattache aux saints-simoniens d'une part, et à madame Dudevant (George Sand) de l'autre. La bénédiction du mariage et autres bagatelles de cette espèce lui font lever les épaules. Il s'abandonne à ses passions avec une franchise et un sans-gêne parfaits. Au besoin, il me présenterait sa comtesse sans rougir. Il avait, il a peut-être encore l'âme noble, mais il est fou. » Puis, sur le témoignage de son fils, elle s'adoucit : « Edmond passa hier la soirée chez Liszt. Madame la comtesse d'Agoult recevait ! ! C'était une reine sur son trône ! Pas le moindre embarras, pas trace de timidité, l'air digne, noble, aisé. Femme d'esprit, à réparties, à saillies ; bien françaises, de très bon ton. Plus jeune, pas jolie, mais à physionomie, à caractère. [...] Elle parla de la société parisienne comme si elle en faisait toujours partie. Elle fut telle, dit Edmond, qu'au bout d'un quart d'heure on se croyait chez une femme mariée et qu'on n'y pensait plus. »

Genève, c'est la fondation du Conservatoire, où Franz insiste pour enseigner gratuitement – à partir de cette date il ne fera plus jamais payer une seule leçon, quand il aurait pu y gagner des fortunes. C'est aussi le concert qu'il accepte de donner à la demande de la bonne société, et qui est pour Marie une première blessure, car selon les conventions de l'époque, sa relation adultère avec Liszt l'oblige à se cacher pour y assister; et c'est l'arrivée du jeune Puzzi, l'élève favori de Liszt, qui les rejoint, brisant – elle le ressent ainsi – l'intimité sacrée de leur couple. Marie méconnaissait ce que George Sand n'eût pas ignoré : le *daimôn* du génie. Aussi bien, Franz écrivait-il à sa mère dès son arrivée en Suisse : « Je suis heureux, très heureux, extraordinairement heureux, sauf une petite ambition qui grelotte. » Le 18 décembre 1835, Marie donnait naissance à Blandine, leur premier enfant que Franz fut seul à reconnaître. Elle ne reconnaîtra pas davantage les deux enfants suivants, Cosima (née le 24 décembre 1837) et Daniel (né le 9 mai 1839) – sans doute pour une bonne raison : ne pas les placer sous l'autorité légale de Charles d'Agoult; mais il convient d'ajouter que Marie ne se signala jamais par sa fibre maternelle.

La Suisse inspira à Franz la première des *Années de pèlerinage*. Le titre de la version originelle *Album d'un voyageur* faisait référence aux fameuses *Lettres* de George Sand. Puis, au début des années 1850, il devient goethéen : *Années de pèlerinage*, en référence à la suite des *Années d'apprentissage de Wilhelm Meister*, publiées à titre posthume par Eckermann en 1837.

Entre novembre 1835 et janvier 1838, Liszt compose pour le piano les trois cahiers de l'*Album d'un voyageur* (sept pièces d'*Impressions et poésies*; neuf pièces des *Fleurs mélodiques des Alpes*, élaborées surtout à partir d'airs du folklore suisse; et trois pièces de *Paraphrases*, qui reprennent des thèmes de compositeurs locaux). Le travail sur ce recueil se poursuit jusqu'au milieu des années 1850 avec des suppressions, des remaniements et l'ajout en octobre 1840 de « Vallée d'Obermann ». Les paysages découverts en compagnie de Marie, le décor alpestre marquent de leur empreinte poétique les titres que Liszt donnera aux neuf pièces définitives : « Chapelle de Guillaume Tell » ; « Au lac de Wallenstadt » ; « Pastorale » ; « Au bord d'une source » ; « Orage » ; « Vallée d'Obermann » ; « Églogue » ; « Le mal du pays » ; « Les cloches de Genève ». On dirait que la nature ne lui devient source véritable d'émotions que dans la mesure où elle éveille des souvenirs littéraires – d'où les vers de Schiller et Byron, et les extraits de Senancour placés en exergue, dans la partition.

Les traits de virtuosité du piano rendent admirablement la poésie de l'eau : « soupir des flots » et « cadence des avirons » de « Au lac de Wallenstadt », que Marie n'a « jamais pu entendre sans pleurer » ; effets de cascade (« Au bord d'une source ») ; déchaînement torrentiel (« Orage »). Liszt joue sur le contraste des atmosphères et des états de l'âme (calme/agitation, sérénité/turbulence, contemplation/déchaînement), d'un morceau au suivant ou à l'intérieur du morceau même. Le point culminant du recueil est « Vallée d'Obermann », première tentative de saisir en un seul mouvement structurel – celui d'une « sorte de fantaisie-sonate », écrit Serge Gut – les variations d'atmosphère et les oscillations de l'âme. L'homme s'y confronte à une nature incompréhensible, quasi hostile, qui le fait passer par toutes sortes d'états intérieurs – inquiétude, apaisement, spleen, révolte, abattement, espérance... Le thème principal, traité à travers des transformations continuelles, charpente le morceau et lui donne son unité : une unité par métamorphoses qui anticipe *Après une lecture du Dante* et la *Sonate en si*.

Séjours olympiens

George Sand côtoya le couple de Franz et Marie en quatre circonstances : voyage à Chamonix de septembre 1836, dont il existe deux récits qui rivalisent de drôlerie, celui de Sand et celui du major Pictet qui les avait accompagnés [HKLT, 183 et 185]; installation commune à l'Hôtel de France, à Paris, d'octobre à décembre 1836, décrite de façon désopilante par un journaliste anonyme comme un « raout de Dieux » [HKLT, 191]; séjours à Nohant en février puis en mai-juin-juillet 1837, de part et d'autre du duel pianistique entre Liszt et Thalberg, son rival autrichien, dont les journaux parisiens portaient les échos vers le Berry.

Si l'on croise attentivement tous les documents disponibles, on s'aperçoit que ces quatre épisodes masquent et révèlent à la fois l'évolution psychologique de Sand, en pas moins de dix étapes qui la mènent à la décision finale de s'en prendre à Chopin. George, on l'a vu, est d'abord fascinée par l'amant idéal que serait Liszt (1). Mais elle comprend (à tort) qu'il ne s'intéresse pas au sexe mais à Dieu seul (2). Puis elle apprend, comme tout Paris, la liaison de Franz et de Marie quand ils s'enfuient (3). Au lieu d'en vouloir à Liszt de lui avoir menti par discrétion, elle découvre que l'idéal dont elle rêve existe, incarné par ces deux êtres d'exception : Marie, bravant la société par amour, lui semble une héroïne de ses propres romans. Dès lors la brune George, qui s'affiche en costume d'homme, cigare à l'appui, et écrit au masculin, est partagée entre jalousie, attirance physique et ressentiment : « Quand Franz joue du piano, je suis soulagé. Toutes mes peines se poétisent, tous mes instincts s'exaltent. Il fait surtout vibrer la corde généreuse. Il attaque aussi la note colère, presque à l'unisson de mon énergie. Mais il n'attaque pas la note haineuse. Moi, la haine me dévore, la haine de quoi ? Mon Dieu, ne trouverai-je jamais personne qui vaille la peine d'être haï ? Faites-moi cette grâce, je ne vous demanderai plus de me faire trouver celui qui mériterait d'être aimé. »

Lors du premier séjour commun à Nohant, la fascination violente, érotique qu'éprouve George pour le couple (4), lui inspire des pages distinguées entre toutes par Georges Lubin, éditeur de l'immense correspondance de Sand, comme un « des sommets de la poésie lyrique sans le secours du vers » : « Ce soir-là, pendant que Franz jouait les mélodies les plus fantastiques de Schubert, la princesse se promenait dans l'ombre autour de la terrasse, elle était vêtue d'une robe pâle. Un grand voile blanc enveloppait sa tête et presque toute sa taille élancée. Elle marchait d'un pas mesuré qui semblait ne pas toucher le sable et décrivait un grand cercle coupé en deux par le rayon d'une lampe autour de laquelle toutes les phalènes du jardin venaient danser des sarabandes délirantes. La lune se couchait derrière les grands tilleuls et dessinait dans l'air bleuâtre le spectre noir des sapins immobiles. Un calme profond régnait parmi les plantes, la brise était tombée mourante, épuisée sur les longues herbes aux premiers accords de l'instrument sublime. Le rossignol luttait encore, mais d'une voix timide et pâmée. Il s'était approché dans les ténèbres du feuillage et plaçait son point d'orgue extatique, comme un excellent musicien qu'il est, dans le ton et dans la mesure.

« Nous étions tous assis sur le perron, l'oreille attentive aux phrases tantôt charmantes, tantôt lugubres d'*Erlkœnig*, engourdis comme toute la nature dans une morne béatitude, nous ne pouvions détourner nos regards du cercle magnétique tracé devant nous par la muette sibylle au voile blanc. Elle se ralentit peu à peu lorsque l'artiste passa par une série de modulations étrangement tristes à la tendre mélodie *Sey mir gegrüst*.

« Alors sa démarche prit le milieu entre l'*andante* et le *maestoso*, et tous ses mouvements avaient tant de grâce et d'harmonie qu'on eût dit que les sons sortaient d'elle comme une lyre vivante. » [HKLT, 221]

Mais George allait bientôt découvrir qu'elle s'était trompée d'idole (5) : Marie, elle-même jalouse de George, devenait agressive par manque de confiance en elle. Toujours encline au doute – sur sa propre valeur et sur l'amour de Franz – elle se persuada sottement qu'elle était « une malheureuse entrave entre deux destinées faites pour se confondre et se compléter l'une par l'autre » : celles de Franz et de George. On ne se rend pas aimable de la sorte... Finalement, tout ce beau monde se sépara fin juillet (6). Les deux amants partirent en direction de l'Italie, que Franz ne connaissait pas encore. Il joua au passage pour les chômeurs de Lyon, aux côtés du ténor Nourrit. Après Milan et Côme, Franz et Marie allèrent à Bellagio en septembre puis à Venise de janvier à mars 1838.

Italie ! Italie !

Lors de ses séjours transalpins (Florence, Rome, Lucques et Pise, etc.), Liszt allait énormément travailler la composition, « écrivant quatre à cinq cents pages de musique pour piano ». La magie italienne, désormais éprouvée comme une réalité vivante, donnait une épaisseur charnelle, sensuelle à des impressions restées jusque-là intellectuelles et livresques. L'un des fruits de ce voyage sera la « Deuxième année de pèlerinage : Italie », recueil de sept pièces dont la composition s'étagea entre 1837 et 1849. Toutes naissent d'émotions esthétiques : de la lecture de Pétrarque ou de Dante; de la contemplation d'un tableau de Raphaël

(*Le Mariage de la Vierge* suggère à Liszt la première pièce « Sposalizio », Épousailles) ou d'une sculpture de Michel-Ange (celle qui domine le tombeau de Laurent de Médicis à Florence inspire la seconde pièce, « Il Penseroso ») ; sans oublier des hommages, sous forme d'emprunts, à la musique savante (« Canzonetta del Salvator Rosa ») ou aux chants et danses populaires (« Venezia et Napoli », supplément à la « Deuxième année de pèlerinage », avec trois pièces : « Gondoliera », « Canzone », « Tarantella »).

Toutefois l'ambition lisztienne va plus loin que l'évocation pittoresque d'impressions artistiques : elle voit dans le langage musical une forme très haute du langage poétique, plus universelle, « plus apte peut-être que la poésie elle-même à exprimer tout ce qui échappe à l'analyse et correspond à d'inaccessibles profondeurs, à des désirs éternels, à des pressentiments infinis ». Les pièces 4, 5 et 6 – les « Sonnets » 47, 104 et 123 de Pétrarque – ont été conçues en 1838 sous forme de mélodies, les premières écrites par Liszt, avant d'être aussitôt transcrites pour piano. Esquissée en 1839, achevée en 1849, « Après une lecture du Dante », pièce 7 et point culminant du recueil, fut d'abord sous-titrée « Fantaisie symphonique », ce qui rend compte de « la réalité musicale de ce véritable poème symphonique pour piano » (Serge Gut). Le sous-titre finalement retenu (« Fantasia quasi Sonata ») fait sûrement allusion à la *Sonate n° 13* « Quasi una Fantasia » de Beethoven, qui vers 1800 affichait sa volonté de transgresser les normes du style classique viennois. Si l'œuvre se déploie en un seul mouvement, mobilisant toutes les ressources du piano dans une forme inventive à l'allure fougueuse d'une improvisation, elle parvient à concilier l'unité d'inspiration, l'élan jaillissant comme d'une seule lancée, et la volonté d'inscrire ce libre jaillissement dans une « grande forme ». Au plan poétique, elle traduit de façon synthétique l'univers de la *Divine Comédie* de Dante sur une sorte de théâtre intérieur. Au plan formel, on y entend un premier bel exemple du procédé lisztien de *transformation thématique* : le motif principal, évoquant au début les tourments de l'Enfer (une série descendante d'intervalles de tritons – le triton : *diabolus in musica*) se métamorphose en motif choral évocateur des béatitudes célestes. La part diabolique, qui préfigure le couple Faust/Méphisto, symbolise l'artiste guetté par la chute, alors même qu'il marche aux côtés de Dieu.

Restée seule à Nohant, George Sand, qui croit enfin tenir « une personne qui vaille la peine d'être haïe », convoque Balzac à La Châtre, fin février 1838, pour lui dicter les grandes lignes du roman cruel qu'elle n'ose écrire elle-même : *Béatrix* ou *les amours forcées* (7). Sous les traits de Béatrix de Rochefide, Marie d'Agoult est cruellement portraiturée, en « ange qui flambe et se dessèche », « mince et droite comme une hostie » [HKLT, 256]. Le double romanesque de Liszt, le compositeur Genarro Conti, loin d'être épargné, est cependant désigné comme l'homme avec lequel le double romanesque de Sand, Mademoiselle des Touches, croyait finir son existence et que lui a soufflé la folle passion de Béatrix…

Le mois suivant, en mars 1838, Chopin qui ne s'est plus fait entendre en public depuis plusieurs années donne un concert à Rouen. Le grand critique Ernest Legouvé y assiste. Pour de nobles raisons qu'il précisera à Liszt dans une lettre de février 1840, son compte rendu rejoint les préférences et le jugement si souvent perfide de Heine. Il s'achève sur cette chute : « Quand on demandera quel est le premier pianiste de l'Europe, Liszt ou Thalberg, que tout le monde puisse répondre, comme ceux qui vous ont entendu... C'est Chopin. » C'est alors que Sand, qui, depuis le départ de Franz et Marie en Italie, à la fin de l'été 1837, s'était intéressée au Polonais – mais sans succès palpable – se décide à *forcer* son amour : si elle n'y gagne pas l'amant rêvé, du moins tient-elle sa revanche envers Marie et envers Liszt (8). Au début de l'été 1838, elle écrit au meilleur ami de Chopin, Grzymala, une lettre de *trente-deux pages* qui s'enquiert sans aucune pudeur de la vie sentimentale de « ce petit être », « ange égaré sur la terre ». Marie Wodzinska avait rompu avec Chopin l'année précédente : très éprouvé, il se laissa finalement consoler par Sand... À la suite de leur départ pour Majorque en octobre 1838 – qui allait aboutir au fiasco que l'on sait – Marie eut la maladresse d'écrire à leur amie commune, la comtesse Marliani, quelques mots moqueurs mais anodins sur cette liaison. La « bonne amie » se fit un plaisir de les transmettre à l'intéressée, laquelle fut trop heureuse de saisir l'occasion d'une rupture éclatante avant la parution de *Béatrix* (9). Elle put dès lors engager les hostilités en son propre nom.

Horace, paru fin 1841-début 1842, est une charge impitoyable contre Marie, éreintée en une vicomtesse de Chailly entièrement fabriquée : « Elle avait une noblesse artificielle, comme tout le reste, comme ses dents, comme son sein et comme son cœur. » [HKLT, 259] Pour Marie, ce fut l'estocade (10).

De Marie d'Agoult à Daniel Stern

Il est regrettable que Marie d'Agoult n'ait pas suivi Liszt dans son souverain détachement devant ce genre d'attaque, et laissé à Sand le procédé de dénigrement de ses anciens amis ou amants. Elle crut bon de l'imiter au point de prendre un pseudonyme masculin (*Daniel* comme le prénom de leur fils, et *Stern* qui veut dire « étoile » en allemand !) et d'écrire sur Liszt un roman dérisoire où est bafouée la splendeur de leur premier amour – en rouvrant ses carnets remplis de témoignages au jour le jour de son admiration pour lui, et en inversant grossièrement le positif en négatif [HKLT, 148]. Si l'on ajoute qu'elle ne cessa de vouloir manipuler Blandine et Cosima à seule fin de blesser leur père; qu'elle ne déboursa jamais un franc pour elles ni pour Daniel; que sa fille légitime, Claire de Charnacé, ne connut l'existence de ses demi-frère et sœurs qu'à l'âge de vingt-trois ans; qu'elle se brouilla avec son protégé Émile Ollivier, lorsqu'il voulut l'assentiment de Liszt pour épouser Blandine; qu'elle se livra à toutes sortes de mesquineries pour ne pas verser sa part de la dot… on ne peut qu'être navré de tant de petitesses et définitivement rebuté, quand bien même on ne doit pas commettre l'anachronisme de juger une femme de ce temps-là à l'aune de notre époque.

À partir de 1839, Liszt relança sa carrière de virtuose pour parcourir l'Europe tandis que Marie revenait à Paris. Il y eut bien quelques retrouvailles épisodiques, l'été, à Nonnenwerth, une île sur le Rhin ; mais en avril 1844, la rupture, décrétée par Marie, fut définitive. Si l'on considère qu'elle avait commencé, le 3 novembre 1843, d'écrire *Nélida* (anagramme de son prénom d'auteur, annonçant au public que c'est bien sa propre vie qu'elle y dévoile), et qu'on relit les lettres adressées à Franz depuis cette date jusqu'à la publication du roman, on réalise combien celles-ci sont empreintes d'hypocrisie... Marie pensait publier rapidement son ouvrage sitôt achevé. Elle n'avait pas prévu que la *Revue des Deux Mondes* le refuserait en octobre 1844 et qu'elle devrait attendre janvier 1846 pour le voir paraître dans la bien moins prestigieuse *Revue indépendante*. Elle se hâta donc de rompre au moment même où Liszt faisait son retour sur la scène parisienne. Et, afin que la sortie du livre le blessât encore davantage, elle exigea ce qu'on appellerait aujourd'hui la garde de ses filles. Liszt se récusa devant son agressivité. Puis avec beaucoup d'élégance, le 7 mai 1844, il lui donna carte blanche, tout en l'assurant élégamment qu'il gardait l'entière charge financière de ses enfants : « Intimement persuadé que mieux que qui que ce soit vous saurez diriger l'éducation de mes deux filles, je ne puis que vous être tout à fait reconnaissant du désir que vous m'exprimez de vous en occuper plus entièrement que par le passé. »

Mais, comme leur mère renchérissait pour que fût nommé légalement un tuteur et que les filles lui fussent *officiellement* confiées, Franz, toujours ignorant de *Nélida*, se cabra devant l'insistance de Marie avec une juste intuition : « L'écrit que vous me demandez me paraît impossible et inutile. Je ne m'opposerai à ce que vous vous chargiez des enfants que dans le cas qu'il y aurait de graves inconvénients soit pour vous soit pour eux. *Ce dernier cas* je ne le prévois guère – quant au premier, il est assez probable à mon sens, et du train dont vous menez les choses, j'avoue que mon ancienne confiance en votre sagesse et prévoyance va s'amoindrissant... Je vous ai toujours connue vous torturant le cœur et l'esprit pour vous torturer davantage et physiquement et moralement – En ce moment il m'est impossible de vous croire entièrement franche et vraie – mais n'importe... » (11 mai 1844)

Enfin *Nélida* parut. C'est un sous-roman « à la Sand », où Marie d'Agoult, juge et partie, règle ses comptes avec son amant et se donne le beau rôle avec une naïveté, un narcissisme qui font pitié; Liszt est dépeint sous les traits du peintre Guermann, mufle imbu de lui-même et artiste stérile – ce dernier trait a valeur d'aveu : toute sa vie, Marie fut littéralement sourde à la musique de Franz (si l'on excepte quelques pièces d'*Années de pèlerinage*), incapable de voir et d'entendre qu'il construisait une carrière de compositeur. À nouveau, la réaction lisztienne fut un modèle d'élégance et d'humour (lettre du 26 mai 1846). Il ne montra pas qu'il était blessé au plus profond par la profanation de ce qu'il avait toujours tenu pour le plus précieux, le plus sacré de sa vie. Lui qui ressentait pourtant une trahison, une dévastation, domina son amertume et répondit avec une malicieuse ironie : « L'interprétation des personnages, ce que vous appelez la Clef du Roman, m'importe fort peu – et puisque vous me permettez d'être sincère, je vous dirai que je crois qu'en général vous vous laissez encore trop préoccuper par des questions de ce genre. Où en sont *Béatrix ou les amours forcés*, ou bien *Horace* ? Quels imbéciles s'inquiètent encore de savoir si Lugarto est Mr Demidoff ou Mr Devoroff ? »

Coda : souvenirs d'un amour mort, troisième année de pèlerinage

Entre Liszt et Marie, il y eut encore quelques rencontres, dans les années 1860 à Paris, toujours tendues, sans jamais d'apaisement : Marie, très instable, oscillait entre le souvenir bouleversé de son amour passé (« Je voudrais que ce grand amour auquel [Cosima] doit la vie fût respecté et honoré après ma mort ») et le ressentiment toujours vif, qui lui faisait poursuivre ses manœuvres mesquines – elle profita à nouveau du retour de Franz à Paris, en 1866, pour faire rééditer *Nélida* !

Pour Liszt en revanche, la figure de Marie était inscrite pour l'éternité sur le fond des paysages italiens.

Elle se devine une dernière fois dans le troisième et dernier cahier (1867-1877) des *Années de pèlerinage*, qui appartient aux œuvres ultimes pour piano. Serge Gut dit justement qu'elles expriment le recueillement, et méditent sur la mort et l'espérance. Les sept pièces du recueil, se déroulent dans un climat général d'austérité solennelle, et les deux morceaux d'ouverture (« Angelus ! prière aux anges gardiens ») et de conclusion (« Sursum corda ») colorent l'ensemble d'un fort sentiment religieux. Les pièces 5 et 6 (« Sunt lacrymae rerum », en mode hongrois et « Marche funèbre », en mémoire du jeune neveu de Napoléon III, Maximilien Ier empereur du Mexique, récemment assassiné) accentuent l'atmosphère funèbre en orientant la méditation vers l'espérance de l'au-delà. Les trois pièces centrales (2, 3 et 4), composées fin août 1877, sont liées au souvenir de Marie d'Agoult, morte en mars 1876, et à la villa d'Este où Liszt, quand il séjournait à Rome, se réfugiait pour de longues périodes ; le cardinal Hohenlohe avait fait restaurer à grands frais le parc et les fontaines, restituant leur caractère merveilleux à la solitude des jardins de Tivoli. « Depuis une quinzaine de jours, je suis tout en *cyprès* [...] J'ai donc composé deux *groupes* de cyprès, chacun de plus de deux cents mesures, plus un *postludium*, aux cyprès de la villa d'Este. Ces tristes choses n'auront guère de succès, et s'en passent. Je les intitulerai *thrénodies*, le mot d'*élegies* me paraissant trop doux et quasi mondain. »

« Aux cyprès de la villa d'Este » (en deux parties : Thrénodie I, Thrénodie II – le début de celle-ci évoquant « l'accord de Tristan ») dessinent un paysage où les éléments naturels ont valeur de symbole (le cyprès, arbre des morts) et prolongent l'atmosphère de gravité triste présente depuis le début. Aussi, quand on écoute le recueil dans sa continuité – une expérience indispensable – les ruissellements des « Jeux d'eau de la villa d'Este » produisent-ils une impression bouleversante : une joie profonde, fragile car conquise sur l'adversité, et lumineuse, comme seules les larmes parfois procurent. Dans ce chef-d'œuvre pianistique, les mouvements de l'eau des fontaines, exprimés par une virtuosité sublimée, prennent une dimension mystique. On est loin de l'évocation simplement descriptive, de la pure traduction sonore de sensations visuelles et auditives. Les eaux de la villa d'Este deviennent celles du baptême et de la rédemption – Liszt cite en exergue de la partition un verset de l'Evangile selon saint Jean : « l'eau que je lui donnerai deviendra en lui une source d'eau jaillissant en vie éternelle » – et l'amour terrestre, l'amour qui associait Marie et l'Italie, s'en trouve transfiguré. Ces « Jeux d'eaux » n'ouvrent pas seulement aux espérances consolantes et réconciliatrices de l'au-delà. Au plan esthétique, ils tracent, par la modernité de leurs accents, leurs audaces harmoniques, une perspective d'avenir : l'impressionnisme musical d'un Ravel dans ses *Jeux d'eau*...

1839-1847
La « Période brillante »

Peu de choses dans la vie de Liszt sont dues au hasard : toujours, c'est de loin qu'il construit le surpassement de soi et prépare ses métamorphoses. « ... voilà six ans au moins que je me dis que ma carrière musicale devra commencer l'an quarante [1840]; et voilà l'an quarante qui vient ! Traitez cela d'enfantillage ou de tout ce que vous voudrez, il n'en est pas moins vrai que j'obéis à une sorte d'impulsion superstitieuse en me jetant ainsi que je vais le faire, à corps perdu, dans la vie extérieure. » (À la princesse Belgiojoso, octobre 1839)

Durant près de dix années, de 1839 à 1847, Liszt va sillonner l'Europe entière, donnant des milliers de concerts en soliste, atteignant un succès et une notoriété qui ne peuvent se comparer, dans le monde artistique, qu'au phénomène des « rock-stars » pendant la seconde moitié XXe siècle. Le but visé, en se lançant dans cette activité frénétique, était de s'imposer définitivement au-dessus des autres virtuoses. On a tendance aujourd'hui à reprocher à Liszt les excès de cette *Glanzperiode* (« Période brillante »). Elle fut pourtant le sommet absolu d'une virtuosité qui éblouit tous ses contemporains, de l'ouvrier à la tête couronnée.

Mobiles

Quelle pluralité d'enjeux lui donna la force de mener à bien, au fil d'incessants et harassants voyages, un aussi incroyable défi ? Le critique Ernest Legouvé affirmait en mars 1838 que Chopin « était le premier pianiste de l'Europe ». Il s'en justifia auprès de Liszt, en février 1840, dans une lettre d'une louable franchise. Concernant Chopin écrivait-il : « exécution et composition, tout chez lui est en accord, et de même valeur ; son jeu et ses œuvres sont deux choses également créées par lui, qui se soutiennent l'une l'autre, qui sont complètes dans leur genre ; Chopin est arrivé enfin à la réalisation de son idéal. Vous au contraire, et je vous l'ai entendu dire, vous n'êtes qu'à mi-route de votre développement ; l'un de vos profils est dégagé, l'autre est encore dans l'ombre ; le pianiste est arrivé ; mais le compositeur est peut-être en retard. [...] Cinquante arpents de terre sont plus longs à cultiver qu'un petit jardin, si rempli qu'il soit de plantes précieuses [...]. Pour moi, je vous le dis, sincèrement comme je le pense, le jour où Liszt *intérieur* sera sorti, le jour où cette admirable puissance d'exécution aura son pendant et son complément dans une force égale de composition [...], ce jour-là, on ne dira pas que vous êtes le premier pianiste de l'Europe, on trouvera un autre mot! [...] M'en voudrez-vous, si je vous dis, que le Liszt que je vois dans l'avenir m'empêche d'admirer autant le Liszt d'aujourd'hui ? » [HKLC, 126]

Legouvé attendait l'accomplissement de Liszt en tant que compositeur et croyait le virtuose au sommet de son art. Mais Liszt, tout en visant absolument la composition comme le but ultime, avait conscience de ne pas être encore allé au bout de ce qu'il pouvait tirer de son instrument. Il lui importait d'y parvenir d'abord afin de conquérir une liberté définitive et d'en finir avec la « subalternité » du musicien. Ce combat, mené pour lui-même, l'était aussi à part égale pour tous les autres artistes de talent et, qui plus est, de génie. Lui seul – il le pressentait – était capable de hisser l'artiste au niveau des rois. Et il énonça fièrement cette gageure dans un article écrit pour la mort de Paganini [HKLT, 267] : « Envisager l'art, non comme un prompt moyen d'arriver à d'égoïstes jouissances, à une stérile célébrité, mais comme une force sympathique qui rapproche et unit les hommes; élever sa vie à cette haute dignité dont le talent est l'idéal, faire comprendre aux artistes ce qu'ils pourraient, ce qu'ils devraient être; dominer l'opinion par l'ascendant d'une noble vie; éveiller et entretenir dans les âmes l'enthousiasme du beau, si voisin de la passion du bien, telle est la tâche que devra s'imposer l'artiste assez fort pour aspirer à l'héritage de Paganini. [...]

« Que l'artiste de l'avenir renonce donc, et de tout cœur, à ce rôle égoïste et vain dont Paganini fut, nous le croyons, un dernier et illustre exemple ; qu'il place son but, non en lui, mais hors de lui, que la virtuosité lui soit un *moyen*, non une *fin* ; qu'il se souvienne toujours qu'ainsi que noblesse et plus que noblesse sans doute : GÉNIE OBLIGE. »

À cette noble cause s'ajoutaient les contraintes financières qu'il se sentait le devoir d'assumer : subvenir intégralement aux besoins de sa mère et de ses enfants, et doter ses deux filles ; s'assurer à lui-même la liberté de composer. Dès 1841, il confiait à la princesse Belgiojoso : « Quoique ma carrière de virtuose se soit agrandie depuis que nous nous sommes quittés, et, qu'à cette heure, passez-moi encore cette orgueilleuse fatuité, je sois sur le point d'être seul de ma race, je ne voudrais pourtant point vieillir à ce métier. Dans trois ans positivement je fermerai mon piano. Ce sera à Vienne et à Pesth, là où j'ai commencé ma carrière, que je la terminerai. [...] N'étaient-ce des raisons d'argent, ce serait déjà fait. » [HKLC, 143]

L'énormité de la somme à rassembler, la vie dispendieuse que Liszt se mit à mener pour supporter la fatigue et la pression des tournées, sans oublier le nombre considérable de concerts donnés au profit de causes charitables expliquent qu'il ne parvint à « fermer son piano » qu'en septembre 1847. Accaparé par ses activités de concertiste, Liszt ne produisit pas beaucoup d'œuvres personnelles durant cette « Période brillante ». Elle ne fut toutefois pas stérile : le temps manquait, mais l'inspiration était toujours présente. Liszt composa pour ses propres récitals, notamment les Paraphrases, mais il continua aussi à reprendre, remanier, amender les centaines de pages (pour piano) qu'il avait « sur le métier », et ouvrit de nouveaux chantiers (musiques inspirées par la Hongrie, mélodies et lieder, compositions pour piano et orchestre...)

Hongrie, sabre d'honneur et rhapsodies

On a coutume de situer les prémisses de la *Glanzperiode* au début de 1838, quand une circonstance dramatique interrompit l'idylle italienne avec Marie. À Venise, en mars, Franz apprit par les journaux que des inondations avaient dévasté [Buda]Pest. Il fut bouleversé. Malgré les réticences de Marie, il se précipita à Vienne où il donna jusqu'en mai une série de concerts triomphaux. Les sommes considérables qu'ils rapportèrent furent reversées à ses compatriotes sinistrés. Galvanisé par le sentiment patriotique qu'éveillait en lui sa terre natale, Liszt se lança sans retenue dans les concerts.

Rien n'égale l'atmosphère de liesse délirante dans laquelle s'accomplit son retour en Hongrie, fin 1839 : acclamations et vivats de la foule, cortèges d'honneur où figure l'aristocratie hongroise, chœurs de bienvenue, réceptions princières, couronnes de lauriers... À cet accueil démesuré, Liszt répondit sans ménager ses forces : neuf concerts donnés à [Buda]Pest entre le 27 décembre et le 12 janvier 1840. Le point culminant du séjour fut celui du 2 janvier, au Théâtre national, au profit de la société musicale de Pest : après avoir interprété, vêtu du costume national hongrois, devant une salle comble et enthousiaste, son arrangement de la *Marche de Rakoczy*, il reçut d'un groupe de nobles hongrois un sabre d'honneur incrusté de pierres précieuses, avec sur la lame l'inscription « Au grand artiste Ferenc Liszt/En reconnaissance de ses mérites artistiques et/de son fervent amour de la patrie,/ avec l'admiration de ses compatriotes. »

À l'étranger, en France notamment, l'événement fit la joie des caricaturistes, qui se plurent à représenter un Liszt en furie, brandissant son sabre légendaire de pianiste-guerrier, avec des commentaires sarcastiques comme celui du *Miroir drolatique* de juillet 1842 : « Entre tous ces guerriers, Liszt seul est sans reproche/Car, malgré son grand sabre, on sait que ce héros/N'a vaincu que des doubles croches/et tué que des pianos », ou encore celui du dessinateur Cab, dans *La Vie parisienne* : « Liszt et son sabre. – Y a renoncé aujourd'hui après avoir reconnu qu'il faisait plus de mal au piano avec ses seules mains. »

Pourtant si Liszt tenait à entrer sur scène avec son sabre d'honneur et ses décorations, ce n'était pas par vanité naïve mais pour affirmer son lien à la Hongrie, et surtout afficher fièrement sa *dignité reconnue* d'artiste. C'était une manifestation très concrète de l'idée qu'il défendait : l'avènement de l'artiste-roi.

Ce retour en Hongrie de 1839-1840 marqua un temps fort au plan musical, car Liszt y renoua avec ses plus chers souvenirs d'enfance, notamment ceux des orchestres tziganes... Il commença par transcrire des thèmes de ce folklore. Son collectage de *Mélodies nationales hongroises* donna naissance aux fameuses *Rhapsodies hongroises*, écrites d'abord pour le piano, et orchestrées plus tard. La série principale (n° 1 à 15) fut élaborée dans les années 1840 (jusqu'en 1853); quatre autres rhapsodies s'y ajoutèrent dans les années 1880. Au fil des années, Liszt rassembla ainsi les fragments d'un grand tout formant la geste héroïque d'un peuple dont il se fit le rhapsode ou le récitant : « Par le mot rhapsodie, nous avons voulu désigner l'élément fantastiquement épique que nous avons cru y reconnaître [...]. Ces fragments ne narrent point de faits, il est vrai : mais les oreilles qui savent entendre, y surprendront l'expression de certains états de l'âme dans lesquels se résume l'idéal d'une nation. »

Les *Rhapsodies* intégraient des éléments de l'improvisation traditionnelle, des rythmes et des façons d'ornementer spécifiques; elles jouaient sur des effets de sonorité cherchant à évoquer les couleurs de certains instruments régionaux – le cymbalum en particulier. Ces pièces si enlevées servirent la renommée de Liszt en Hongrie. Plus tard elles lui valurent quelques déboires. Liszt avait une passion pour l'approche qu'ont les Tziganes de la musique, leur capacité à accorder celle-ci à n'importe quel état de l'âme, à en suivre toutes les variations, et à les transmettre à l'auditeur. Il pensait qu'une telle source pouvait régénérer la musique savante. Mais dans son ouvrage *Des Bohémiens et de la musique en Hongrie*, publié en

1859, il confondit, plus par méconnaissance que par désinvolture, musique tzigane et musique hongroise – ce que les Hongrois acceptèrent mal. De fait, les ethno-musicologues du XXe siècle ont montré que les mélodies populaires recueillies par Liszt étaient en réalité des airs d'origine hongroise que les Tziganes s'étaient appropriés. Alan Walker donne l'exemple de la *Huitième Rhapsodie*, laquelle reprend successivement une chanson, une czardas puis un autre air populaire, tous hongrois d'origine.

Un premier discrédit fut donc porté sur les *Rhapsodies* par les compatriotes de Liszt après la publication de son livre. Sur le tard, en 1881, une nouvelle édition « augmentée » par les soins de Carolyne Wittgenstein, lui valut de véritables tourments : celle-ci, sans en avertir Franz, avait rallongé l'ouvrage par les développements verbeux dont elle était coutumière, ainsi que par maintes considérations antisémites. Ce qui ne manqua pas de déclencher dans la presse européenne une campagne extrêmement virulente contre Liszt.

Plus positivement, la musique « tzigane » permit au compositeur d'enrichir son écriture. Il puisa en elle des matériaux de composition, qu'il détachait de leur contexte traditionnel ; ainsi la structure de la « gamme tzigane » devint-elle une des singularités (parmi beaucoup d'autres...) de son écriture pour des pièces sans coloration folklorique ; on la trouve utilisée par exemple dans le *Psaume 137*, écrit en 1859. D'une façon plus générale, Liszt – comme d'autres compositeurs au XIXe siècle – s'ouvrit aux musiques traditionnelles, pas seulement par souci de la « couleur locale » et du pittoresque, mais pour élargir les principes d'écriture de la musique savante. Aussi n'est-il pas étonnant qu'il ait bu, au gré des circonstances, à d'autres sources folkloriques ou nationales : une jota aragonaise traverse sa *Rhapsodie espagnole* de 1863 ; une doumka ukrainienne lui inspire la première des *Glanes de Woronince* pour piano en 1847... Suivant la même logique, lors de ses tournées en Russie (1843 et 1847) il encouragea les musiciens russes – à commencer par Glinka, le précurseur – pour qu'ils s'affirment, à partir de leurs propres traditions, en tant qu'école nationale.

Marathon européen : largesse et prouesse

De 1839 à septembre 1847, Liszt accomplit d'incroyables tournées en Europe – et jusqu'aux portes de l'Asie : de Moscou, Saint-Pétersbourg ou Odessa jusqu'à Gibraltar, Cadix et Lisbonne ; de Glasgow, Belfast et Cork à Constantinople, en passant par Londres, les grandes villes de France, la plupart des villes de l'Europe du Nord et d'Europe centrale. Des marathons de plusieurs milliers de kilomètres, alors que voyager n'était pas chose aisée – à l'époque, la malle-poste la plus rapide ne permettait pas de faire plus de 200 km par jour, et les voyages étaient dangereux, fastidieux. Même si Liszt possédait ses propres voitures, aménagées luxueusement, il aligna, en huit ou neuf ans, à raison de trois ou quatre apparitions publiques par semaine, plus d'un millier de concerts.

Dans ces tournées comparées par les commentateurs à des conquêtes napoléoniennes, Liszt fut secondé à partir de février 1841 par son secrétaire-impresario Gaetano Belloni. Avec son aide, il fit preuve d'un sens de la « communication » très moderne : assumant pleinement et sans complexe son image de héros romantique, galvanisant les foules par son élégance vestimentaire, son charisme, sa beauté, laissant courir les rumeurs sur ses amours, laissant aussi les caricaturistes s'emparer de sa silhouette... et la jalousie suivre son cours ordinaire. Dans un texte aussi perfide qu'hilarant, Henri Heine accusa fort adroitement Liszt de payer lui-même couronnes de laurier, bouquets de fleurs (notamment les plus précieux camélias rouges), poèmes de louange et autres frais d'ovation... [HKLT, 311] Il faut reconnaître que l'engouement du public pour le virtuose atteignait parfois l'extravagance. À partir de fin 1841, à Berlin, quand la « Lisztomanie » se mit à déferler sur l'Europe, on voyait des femmes monter sur l'estrade pour couper une mèche de ses longs cheveux ou, en ville, ramasser les cendres de son cigare, verser dans un flacon précieux le fond de sa tasse de thé... Comment, soumis à de telles pressions « médiatiques », ne pas céder par instants à la vanité ? Ce qui est sûr, c'est que derrière ces quelques défaillances, il y avait le goût du panache et la prodigalité, il n'y eut jamais l'amour de l'argent pour l'argent. D'ailleurs Liszt ne perdait pas de vue son objectif de faire respecter l'art et l'artiste partout où il passait. En témoignent son refus altier de jouer lorsqu'on le convoquait, fût-ce à prix d'or (réplique aux Rothschild qui avaient commis cette indiscrétion : « Le prince Esterházy vend bien ses moutons mais on ne s'avise pour cela de lui demander des côtelettes ») ou sa réponse au tsar Nicolas Ier qui s'entretenait avec son aide de camp au milieu d'un récital : « Pourquoi vous arrêtez-vous de jouer, M. Liszt ? – Quand votre majesté parle, tout autre doit se taire. » Cette insolence lui vaudra six heures pour quitter la Russie et lui attira l'inimitié persistante de Nicolas et de son fils, le futur tsar Alexandre, qui feront farouchement obstacle à son union avec Carolyne Wittgenstein ! On comprend toutefois que l'hystérie entourant les *shows* lisztiens ait horrifié ses « amis » compositeurs – notamment Mendelssohn, Chopin, Clara et Robert Schumann – pour qui la célébration de la musique exigeait recueillement et retenue.

Par-delà les excès du public, le succès des campagnes de Liszt fut à la mesure de l'énergie déployée. Lui-même avait conscience d'être en train d'accomplir quelque chose d'exceptionnel : « Concerts *hors ligne*, tels que moi seul je puis *les donner* en Europe à l'heure qu'il est. (Londres, 1841)

« Hier mardi, concert magnifiquissime » (Francfort, 1842).

« Concert unique à St-Pétersbourg – auquel on ne peut comparer aucun des concerts des autres artistes, non seulement de la Saison mais depuis 20 ou 30 ans [...] Le concert roulait sur moi seul – 6 morceaux de piano – basta. L'impératrice et toute la Cour, excepté l'empereur, étaient présents » (Russie, 1842).

Un des points culminants de la « Période brillante », significatif en ce qu'il est un parfait mélange de mondanités et d'énergie très lisztienne à défendre le génie d'un autre, fut le festival de Bonn en 1845, qui reposa entièrement sur les épaules de Liszt. Une souscription, lancée en 1839 pour ériger un buste à Beethoven, n'avait recueilli qu'une somme dérisoire. Liszt admirait plus que toute autre l'œuvre de ce Titan, dont il dira qu'elle était pour les musiciens la « colonne de nuée et de feu qui conduisit les Israëlites à travers le désert – colonne de nuée pour nous conduire le jour, colonne de feu pour nous éclairer la nuit [...] un perpétuel commandement, une infaillible révélation » (à Wilhelm von Lenz, 2 décembre 1852 – HKLC, 252). Outré, il avait aussitôt proposé d'organiser la manifestation qui permettrait, grâce à son nom, de réaliser un monument digne de Beethoven. Naguère, il avait joué pour les ouvriers de Lyon au chômage ; souvent, il avait donné des concerts gratuits pour les travailleurs. Il s'attira aussitôt le concours d'ouvriers qui accoururent de toutes parts pour construire une salle de trois mille places : « Et bientôt s'élève en quinze jours, et comme par enchantement, une salle longue de 200 pieds et large de 73, chargée d'ornements et de peintures », qu'il faudra détruire après les festivités, car nul n'en pouvait plus avoir l'usage. Leurs majestés la reine Victoria et le prince Albert, le roi et la reine de Prusse, le prince de Prusse et leurs suites assistèrent aux concerts et entendirent la *Cantate* que Liszt créa pour l'occasion.

Le récital de piano

La *Glanzperiode* n'eût pas été possible si Liszt n'avait eu au préalable l'audace d'inventer et d'imposer la formule toujours actuelle des concerts solistes. Jusqu'alors les concerts offraient au public un pot-pourri de morceaux par une succession d'artistes. Liszt baptisa d'abord « soliloque » la prestation en solo dont il inventa la formule à Rome, en mars 1839, chez le prince Galitzine. Quelques mois plus tard, à Londres, il fit inscrire sur ses programmes le mot « récitals », emprunté à l'anglais *recital* « récit, narration », conjuguant littérature et musique – le pianiste tel un rhapsode antique récitait les morceaux qu'il jouait comme autant de poèmes... Cet anglicisme lisztien finit par s'imposer.

Pour la première fois un pianiste se produisait devant de vastes auditoires. Beaucoup des collègues de Liszt avaient encore un point de vue « Ancien Régime » sur le piano, et le considéraient comme un instrument de musique de chambre destiné à un public choisi de mélomanes connaisseurs. Ce fut le cas de Chopin qui avait une prédilection pour le cadre restreint des salons parisiens – il ne joua pas plus de douze fois dans de grands concerts publics – et pour le piano Pleyel « au mécanisme léger, à la sonorité argentine ». Liszt jugeait ce type de piano sans ampleur et, s'exprimant devant de larges auditoires, il préférait depuis longtemps les pianos Érard : « Qu'on n'aille donc plus me chanter que le piano n'est pas un instrument convenable pour une grande salle, que les sons s'y perdent, que les nuances disparaissent etc... J'en prendrai à témoin les 3 000 individus qui remplissaient l'immense théâtre de la Scala hier soir depuis le parterre jusqu'au poulailler des 7e (car il y a sept rangs de loges ici) et qui tous ont entendu et admiré dans les moindres détails ton bel instrument. Ceci n'est point une flatterie : tu me connais de trop ancienne date pour me croire capable de la moindre fausseté. Mais c'est un fait publiquement reconnu ici que jamais piano n'a fait semblable effet. » (À Pierre Érard, 11 décembre 1837)

Dès l'arrivée de Liszt à Paris, Sébastien Érard et son neveu Pierre avaient perçu sa valeur exceptionnelle comme interprète. Ils lui avaient offert une de leurs « créations » : le modèle de grand piano à sept octaves pourvu du « double échappement ». Ce procédé faisait revenir immédiatement le marteau sur la corde du piano permettant à l'instrumentiste de répéter très vite une même note – ce que Liszt avait mis en valeur dans *La Campanella*. Mais, au cours de ses tournées, si un Érard n'avait pu être acheminé, Liszt jouait aussi sur des Broadwood, des Streicher, des Pleyel, voire sur de vieux instruments, disponibles par défaut – comme à ce concert de gala à Ems, en présence de la tsarine : les cordes de l'instrument sautèrent les unes après les autres, ce qui obligea à abréger la séance... En fait, la technique comme le répertoire lisztiens étaient adaptés à des instruments modernes, solides et puissants, tels qu'ils se généraliseront à partir des années 1860.

Soulignons qu'en divulguant un très large éventail d'œuvres pour piano à un vaste public, Liszt servait la cause de la musique, et pas seulement la sienne propre… Il fut le premier – une fois encore – à jouer de mémoire des programmes complets et à jouer la totalité du répertoire pour piano : Bach, Scarlatti, Haendel (*Fugue et variations*); Beethoven (les sonates, notamment la « Hammerklavier »), Schubert (les grandes sonates et ses propres transcriptions de lieder), Weber; enfin les compositions les plus récentes d'un Chopin ou d'un Schumann, ses contemporains qu'il admirait. C'étaient, pour la plupart, des œuvres que lui seul interprétait à l'époque. Cette largesse reposait à part égale sur la « technique transcendante » du virtuose et sur une générosité artistique sans équivalent, renforcée par l'instinct bienveillant du pédagogue. Toutefois, il ne faudrait pas se faire une fausse idée des programmes de la « Période brillante », que souvent le virtuose déléguait, ce qu'il a plus tard regretté. Ils n'avaient pas encore la rigueur des récitals d'un Hans von Bülow, par exemple, qui dans ses tournées américaines de 1875-1876 imposera à chaque concert les cinq dernières sonates de Beethoven ! Ainsi figurait régulièrement, dans les programmes de Liszt, le fameux *Grand Galop chromatique* dont il serait tentant de dire qu'il en fit un de ses chevaux de bataille… Il aimait l'enfourcher au moment de boucler ses récitals

– façon ébouriffante de prendre congé de son auditoire en soulevant une tempête de hourras.

Paraphrases et fantaisies

Elles constituent une part importante des programmes de la *Glanzperiode* et contribuèrent grandement à la gloire de Liszt comme interprète. Elles appartiennent au vaste corpus lisztien des œuvres pour piano faites d'emprunts à d'autres compositeurs. Mais le principe de la paraphrase – ce qui la distingue de la transcription – est qu'elle ne cherche pas la fidélité à la partition originale. « La paraphrase [...] a pour objet la métamorphose. Elle peut se concentrer exclusivement sur un thème, le décorant d'une ornementation toujours plus complexe : ou bien elle peut embrasser tout un acte d'opéra, malaxant et mélangeant le matériau en cours de route, pour nous donner en quelque sorte une vue aérienne de la composition. » [A. WA1]

Le compositeur retient un ou plusieurs thèmes d'une œuvre originale, et, à partir de ce matériau emprunté, il crée un tissu neuf, en suivant sa propre imagination créatrice fondée sur sa maîtrise instrumentale : les paraphrases sont généralement des morceaux de bravoure, destinés à séduire le public et faire briller l'interprète. Même si elles sont écrites, elles procèdent aussi de cet esprit de libre invention qui lui faisait demander au public des thèmes d'improvisation, à la fin d'un récital. Liszt leur donna toutes sortes de noms : paraphrase de concert, fantaisie, réminiscence, illustrations, divertissement... Le genre était à la mode, la mode aux paraphrases d'opéras, et le goût du public allait à l'opéra italien. La virtuosité du piano était à elle seule capable de faire surgir aussi bien les séductions du bel canto que l'univers entier du théâtre – orchestre, chanteurs, chœurs, décors, lumières...

Même après la fin de la « Période brillante », Liszt resta fidèle aux paraphrases : depuis *la Grande Fantaisie sur la Tyrolienne de « La Fiancée » d'Auber* (1829) jusqu'à la *Tarentelle (transcrite et amplifiée) de César Cui* (1885), on en compte une centaine. Citons pêle-mêle : la *Fantaisie sur les « Ruines d'Athènes » de Beethoven*, les *Réminiscences des « Puritains » de Bellini* (1836), les *Réminiscences de « Norma » de Bellini* (1841), la *Fantaisie sur des motifs favoris de « La Somnambule » de Bellini* (1839), *L'Idée fixe, andante amoroso sur un thème de la « Symphonie fantastique » de Berlioz* (1833), les *Réminiscences de « Lucia de Lammermoor » de Donizetti* (1835), la *Valse de l'opéra « Faust » de Gounod* (1861), la *Grande Fantaisie sur des thèmes des « Huguenots » de Meyerbeer* (1836), la *Réminiscence de « Robert le Diable » de Meyerbeer, valse infernale* (1841), *les Réminiscences de « Don Juan » de Mozart* (1841), la *Paraphrase de concert sur « Ernani » de Verdi* (deux versions : une en 1847, une autre vers 1849), *« Rigoletto » de Verdi, paraphrase de concert* (1859), les *Réminiscences de « Simon Boccanegra » de Verdi* (1882), la *Fantaisie sur des motifs de « Rienzi » de Wagner* (1859), la *Frei-*

schütz-Fantasie d'après Weber (1841)... Parmi toutes ces partitions, il y eut de grandes réussites, méprisées au début du XXe siècle au nom de l'originalité parce que, remarque Alan Walker, « il fallait que la pensée originale du compositeur fût parfaitement préservée, que chaque note fût sacro-sainte, que la musique fût restituée d'aussi près que l'auteur lui-même l'envisageait. »

Et pourtant les compositeurs eux-mêmes étaient fiers de se voir « utilisés » par Liszt. Ainsi Meyerbeer lui écrivit-il le 8 février 1852 combien il était heureux « que l'un de mes airs vous ait semblé digne de servir de motif à l'une de vos compositions pour piano, destinées à être entendues dans toute l'Europe et à enivrer ceux qui auront la bonne fortune de les entendre jouées par vos merveilleux doigts poétiques. »

Liszt interprète : magnétisme et liberté

C'est encore Liszt qui imposa, sur l'estrade de concert, la disposition que nous connaissons aujourd'hui : piano et solistes de profil, le couvercle de l'instrument ouvert vers l'auditoire. Nombre de témoignages – au premier rang ceux de Schumann, Berlioz, Wagner, Bülow... – attestent l'impression prodigieuse que produisaient son jeu et ses interprétations. Ainsi Robert Schumann à Dresde le 15 mars 1840 : « Je l'avais déjà entendu avant ce jour, en privé ; mais c'est une chose d'entendre un artiste jouer devant quelques amis, autre chose que de l'écouter en public – et cet artiste est lui-même tout autre. La beauté de la vaste salle, l'éclat des bougies, l'assemblée parée, tout cela hausse le ton, l'harmonie entre celui qui donne et ceux qui reçoivent. Le démon commença alors à exercer sa puissance ; comme s'il voulait essayer son public, il joua d'abord avec lui, pour ainsi dire, puis il fit entendre des sentiments plus profonds, puis enfin, ayant, par son art, changé, relayé en quelque sorte l'attelage de chacun de ses auditeurs, il enleva et entraîna désormais toute la foule exactement comme il voulut. Cette puissance pour assujettir le public, pour l'enlever, pour le porter ou le laisser retomber, on ne peut certes la rencontrer chez aucun autre artiste, Paganini excepté, à un degré si éminent. »

Personne ne peut savoir comment un public moderne réagirait aux interprétations lisztiennes. On peut avancer avec sûreté qu'elles devaient être *vivantes*. Les libertés que certains adeptes d'un jeu tout en retenue (Joachim, Clara Schumann...) lui reprochèrent de prendre avec la « tradition » – notamment sur des questions de *tempi* – étaient le fruit d'une volonté ardente de pénétrer au cœur de l'œuvre, d'en vivre la beauté au présent, d'en restituer l'élan. En aucun cas une vampirisation narcissique. Pour Liszt, s'abriter derrière la « tradition » était un signe de paresse, une sorte de refus d'habiter l'œuvre. Qu'il s'agisse du jeu et plus généralement de la composition, le bon usage de la tradition était de la revivifier par l'esprit et non dans sa lettre. Liszt avait la conviction de poursuivre la voie ouverte par Beethoven, et de faire scrupuleusement ce que le maître, dans l'époque présente, aurait lui-même voulu et accompli. D'ailleurs, les partitions qu'il édita – de Bach, Beethoven, Chopin ou Schubert – se signalent par leur fidélité au texte original; et ce qu'il propose en matière d'indications de phrasé, de jeu de pédale, etc. prouve une approche respectueuse des classiques.

1847-1849 :
Révolutions

En 1847, Liszt renonça définitivement à sa carrière de soliste. Il quitta l'habit éclatant de couleurs du virtuose *assoluto* pour le vêtement moins voyant de compositeur et promoteur de la « musique de l'avenir ». Cette mue, que Rémy Stricker nomme « révolution intérieure », ne fut spectaculaire que dans la mesure où elle était un retrait volontaire du spectacle. Sans que Liszt ait eu besoin de couler son Érard dans un lac, elle ne manqua pas de stupéfier. Préparée de loin, elle fut favorisée par deux personnages, apparus auprès du virtuose dans les années 1840 : Charles-Auguste de Saxe-Weimar rêvant, sous l'influence de sa mère, d'une politique culturelle ambitieuse dont Liszt serait l'artisan ; et la princesse von Sayn-Wittgenstein, qui croyait à égalité en Dieu et dans le génie créateur de Franz.

Carolyne von Sayn-Wittgenstein

À Kiev, le 2 février 1847, Liszt joua pour un concert de charité dans la grande salle de l'Université. Un don particulièrement généreux attira son attention. Il venait d'une femme, la princesse polonaise Carolyne von Sayn-Wittgenstein. Liszt voulut la connaître. Et ce fut un nouveau tournant de son destin.

Sans doute les quelques photographies – peu flatteuses – de Carolyne ont-elles inspiré ce portrait par Blandine Ollivier : « Une jeune femme presque laide, blême, aux cheveux noirs, dont les yeux semblent dévorer la moitié du visage » ; tout comme cette description de Jean Chantavoine : « Petite, le visage osseux, le nez arqué, la bouche trop grande, le teint sombre. Mais le regard direct et profond de ses admirables yeux noirs animait d'une flamme concentrée cette figure ardente. » Certains êtres ne sont pas photogéniques; cependant le bruit avait rapidement couru à travers l'Europe que la nouvelle conquête de Liszt n'était pas une beauté. Qu'en pensait-il lui-même ? Il confie à sa mère, en mars 1849 : « Je ne sais à quel propos Mme la Princesse Gagarine vous a dit que la princesse Wittgenstein n'était pas belle. Quand l'occasion s'en présentera, dites à vos amis et connaissances, de ma part, que je me crois aussi bon connaisseur que qui que ce soit, en fait de beauté, et que la Princesse Wittgenstein est belle, très belle même, de cette beauté significative et invincible que le rayonnement de l'âme seul peut donner à la physionomie et aux détails de l'organisme. »

En 1847, Carolyne avait vingt-huit ans. Elle possédait une fortune colossale, héritée de son père Peter Iwanowsky : trente mille serfs répartis sur d'immenses domaines de l'Ukraine polonaise (province de Podolie), qu'il fallait plusieurs jours pour traverser à cheval. Élevée par cet homme fantasque et par une gouvernante française, madame Patersi de Fossombroni (qui reprendrait bientôt du service malgré son âge pour s'occuper, à Paris, des deux filles de Franz, Blandine et Cosima), Carolyne bénéficia d'une éducation qui fit d'elle un esprit aux larges curiosités – son père et elle dévorant les livres et discourant ensemble jusque tard dans la nuit. Quand Liszt la rencontra, elle était familière de Goethe, Dante, Hegel, etc. et avait même écrit un commentaire sur *Faust*. Sa pensée manquait sans doute de rigueur, mais son esprit vorace était traversé de grands élans mystiques qui devaient toucher Liszt : « L'avidité de son esprit embrassait l'univers et le monde surnaturel, la raison et la foi, la religion, la littérature, les arts, les sciences ; elle y apportait une imagination inlassable, riche en idées ou du moins en formules [...]. Le savoir, chez elle, restait bien en-deçà de la curiosité ; mais il semblait qu'elle sût tout ; du moins elle pensait sur tout, écrivait sur tout et parlait de tout. » [J. CHA, 66]

La beauté élancée de la blonde Marie d'Agoult a éclipsé la « laideur intéressante » de la noiraude Carolyne. Néanmoins, il y eut une grandeur réelle dans son dévouement à celui dont elle avait d'emblée reconnu la grandeur ; et à qui elle apporta un soutien indéfectible.

Franz séjourna auprès d'elle, en février-mars 1847, puis d'octobre à mi-janvier 1848, à Woronince, domaine où Carolyne vivait retirée depuis qu'elle s'était séparée de son époux, le prince Nicolas von

Sayn-Wittgenstein. Fruit de ce mariage de convenance, une fille ravissante, Marie. C'est dans l'exotisme de ce domaine où les serfs vivaient à même le sol comme des bêtes, que Franz et Carloyne échangèrent baisers, confidences et projets d'avenir. N'avaient-ils pas en commun la passion de la religion et celle de l'art ? Pour Liszt, l'amour de Carolyne était une bénédiction, un arrêt du destin en réponse à son plus pressant désir : cesser de courir les pays et les routes, et fermer son piano qui ne pouvait plus rien lui apprendre. Carolyne n'eut aucun mal à voir en Franz le futur grand compositeur.

Charles-Alexandre de Saxe-Weimar

Bien avant cette rencontre providentielle, Liszt avait posé les jalons de sa prochaine métamorphose. Le 29 novembre 1841, il avait donné à Weimar, au Théâtre de la Cour, en présence du couple grand-ducal (Maria Pavlovna et Charles-Frédéric), un récital aux suites prometteuses.

Il faut s'arrêter un instant sur le passé de cette petite ville princière allemande, au cœur de la Thuringe, qui avait naguère fait parler d'elle comme de « l'Athènes de l'Europe ». Charles-Auguste, le père de Charles-Frédéric, s'était rendu illustre en y attirant les plus grandes figures de la culture allemande, à la fin du XVIIIe. En 1775, il avait fait venir le jeune Goethe, avait fait de lui son conseiller et son ministre, avant de l'honorer en 1791 de la direction du nouveau

Théâtre de la Cour. Avec Wieland, Herder, Schiller… la minuscule principauté était devenue le centre culturel de l'Allemagne, et un pôle d'attraction irrésistible pour toute l'Europe. Après la mort de Charles-Auguste (1828) suivie par celle de Goethe (1832), Weimar avait repris son allure provinciale. Le nouveau grand-duc, Charles-Frédéric, était économe et prudent. Sa plus sage décision, note Alan Walker, avait été « d'épouser Maria Pavlovna, la sœur du tsar Nicolas, dont la passion pour la musique et le théâtre, pour ne rien dire de sa fortune personnelle, prévint le déclin des vacillantes énergies artistiques » du lieu. Maria Pavlovna avait immédiatement perçu en Liszt l'homme de génie capable de redynamiser la vie weimaroise et de lui rendre son aura européenne. C'est à son initiative que le prince héritier Charles-Alexandre allait renouer avec les ambitions de son grand-père, et redonner à la cité de Goethe son lustre d'autrefois.

Tandis que les tournées de la *Glanzperiode* contraignaient Franz à mener la vie d'un nomade fabuleux, Weimar devint, au moins dans sa pensée, le port d'attache où une autre vie artistique était possible. Il y retourna fin octobre 1842, pour le mariage de Charles-Alexandre, et fut nommé « Kapellmeister grand-ducal en service extraordinaire ». Chef d'orchestre invité avec un titre honorifique, il avait peu d'obligations de présence (deux mois par an). Il dirigea pour la première fois dans la capitale de Thuringe en janvier 1844 ; puis il reprit son chemin de virtuose itinérant, toujours mû par la nécessité de gagner un argent que le duché lilliputien ne pouvait lui procurer. Toutefois Franz, qui construisait son chemin en s'appuyant – comme Goethe – sur les tournants symboliques que sont les anniversaires, écrivit à Charles-Alexandre en octobre 1846 : « Le moment vient pour moi (*Nel mezzo del camin di nostra vita* – 35 ans !) de briser ma chrysalide de virtuosité et de laisser plein vol à ma pensée [...]. Le but qui m'importe avant et par-dessus tout à cette heure, c'est de conquérir le théâtre pour ma pensée, comme je l'ai conquis pendant ces six dernières années pour ma personnalité d'artiste; et j'espère que l'année prochaine ne se passera pas sans que je sois arrivé à un résultat quasi décisif dans cette nouvelle carrière. » [HKLC, 185]

À partir de l'instant où Liszt s'installa à Weimar à plein temps, les liens de confiance et d'amitié se tissèrent et s'approfondirent entre l'artiste et son « roi » – Charles-Alexandre devenu grand-duc en 1853 à la mort de son père. Entre les deux hommes, la franchise fut de mise – leur correspondance en témoigne. Mais si le grand-duc fut assurément bienveillant et fidèle, il ne réussit jamais à s'élever à la hauteur des exigences artistiques – bien plus que financières – de son Kapellmeister.

HARMONIES POÉTIQUES ET RELIGIEUSES

Dès Woronince, Liszt trouva auprès de Carolyne, disponibilité, solitude recueillement favorables à la composition ; il écrivit plusieurs fragments de la *Dante-Symphonie*, reprit des œuvres pour piano, notamment son recueil *Harmonies poétiques et religieuses*. À l'origine de celui-ci, la pièce de 1833-1834 devenue « Pensée des morts », le titre initial, emprunté à Lamartine, recouvrant finalement un ensemble de dix morceaux. La maturation se fit donc sur plus de quinze années. À Woronince, Liszt composa ou acheva : la première version d'« Invocation », « Bénédiction de Dieu dans la solitude » et « Cantique d'amour » ; et le recueil fut publié en 1852 dans sa version complète.

Si les *Années de pèlerinage* sont liées à la figure de Marie d'Agoult, c'est à la nouvelle muse qu'appartiennent les *Harmonies poétiques et religieuses*. Y sont cristallisés des émotions, des sentiments particulièrement vifs dans ces années 1847-1849 ; en raison de ses origines sentimentales, remarque Alan Walker, c'était l'œuvre que Liszt prenait le plus de plaisir à jouer à ses amis pendant les années weimaroises. Près de Carolyne, Liszt n'éprouva pas seulement un puissant sentiment amoureux, il retrouva la force des croyances religieuses de son enfance et de sa première jeunesse, qu'il avait quelque peu mises en sommeil au contact de Marie d'Agoult. Aussi n'est-il pas surprenant que, dans *Harmonies* peut-être plus que dans toute autre de ses œuvres, l'effusion religieuse se mêle au lyrisme amoureux. Ce « syncrétisme » si lisztien nourrit les dix morceaux, divers de style et de proportions, mais que l'on peut tous écouter comme des formes de *prière*.

Au passage, notons qu'il est souhaitable de considérer les œuvres de Liszt à l'intérieur de l'ensemble où elles ont été inscrites – chaque ensemble formant une mosaïque sonore, un parcours poétique varié à dessein – plutôt que de défendre isolément deux ou trois pièces en condamnant les autres. Liszt trace pour l'auditeur un cheminement émotionnel et spirituel en lui ménageant, à côtés de plusieurs sommets, quelques paliers de moindre altitude... que les musicologues jugent un peu vite comme des défaillances de l'inspiration.

Dans le cas d'*Harmonies poétiques et religieuses*, les morceaux d'ouverture et de conclusion, sans être explicitement religieux, font apparaître la dimension singulière de l'énergie lisztienne : mélange de piété affirmée avec gravité et d'élans où se fondent, en un seul et même abandon, mouvement vers Dieu et vers la femme aimée. « Invocation » (n° 1) fait retentir des accents nobles, sévères, parfois dramatiques, où l'on entend comme la voix de l'artiste s'ouvrant à la confidence (en exergue, les vers de Lamartine : « Élevez-vous, voix de mon âme/Avec l'aurore, avec la nuit ! ») tandis que « Cantique d'amour » (n° 10), par son titre même, affiche de façon lyrique, confiante et recueillie la force d'un sentiment amoureux qui efface la séparation entre profane et sacré, terrestre et céleste.

Au long du recueil, le sentiment religieux s'exprime avec une ferveur très directe dans plusieurs transcriptions de pièces chorales qui ont la simplicité d'un acte de foi : un « Ave Maria » (n° 2) d'une grâce touchante, féminine, contrastant fortement avec la virilité de l'« Invocation » ; un « Pater noster » (n° 5), plus grave, que Carolyne avait entendu sous sa forme chorale, à Kiev en février 1847, et qui l'avait bouleversé ; et un « Miserere, d'après Palestrina » (n° 8). Si la berceuse « Hymne de l'enfant à son réveil » (n° 6) n'est pas une pièce sacrée au sens strict, elle est aussi la transcription d'un choral et se rattache à l'atmosphère de l'« Ave Maria » ; enfin l'« Andante lagrimoso » (n° 9), qui porte en exergue les vers de Lamartine « Tombez, larmes silencieuses/sur une terre sans pitié », crée un climat d'élégie et de compassion dont les élans ne nous éloignent guère de la foi et de la prière.

Les trois pièces restantes forment les sommets du recueil. Avec « Bénédiction de Dieu dans la solitude » (n° 3) l'effusion mystique prend un essor considérable et se déploie en une ample méditation. L'atmosphère est à la quiétude, à l'extase contemplative. La tonalité de *fa* dièse majeur est, note Alan Walker, celle des musiques de « béatitudes » (*Saint François d'Assise prêchant aux oiseaux* ou *Jeux d'eau à la Villa d'Este...*). Dans une nuance moderato, sans coups d'éclats (ce qui ne veut pas dire sans passion), suivant des lignes privilégiant le legato, Liszt dessine un paysage-sentiment : solitude sereine, habitée, pleine de la certitude d'une *présence*. Il serait trop simple de réduire l'inspiration de ce morceau aux circonstances de son achèvement, mais on ne peut qu'être frappé par les derniers vers de l'exergue, empruntés à

Lamartine, où il est question d'une métamorphose et d'une renaissance :

D'où me vient, ô mon Dieu cette paix qui m'inonde ?
D'où me vient cette foi dont mon cœur surabonde,
À moi qui tout à l'heure, incertain, agité,
Et sur les flots du doute à tout vent balloté,
Cherchais le bien, le vrai, dans les rêves des sages,
Et la paix dans des cœurs retentissant d'orages ?
À peine sur mon front quelques jours ont glissé,
Il me semble qu'un siècle et qu'un monde ont passé,
Et que, séparé d'eux par un abîme immense,
Un nouvel homme en moi renaît et recommence.

À une fin en accords majestueux succède un silence rhétorique – noté par un spectaculaire point d'orgue au début du morceau suivant, « Pensée des morts » (n° 4). Après la méditation sereine, voici la méditation inquiète. À la certitude d'une présence, succède le sentiment douloureux des absents, des disparus. L'adresse à Dieu pleine de gratitude s'efface pour une clameur aux accents plaintifs (le « De profundis », prière des morts). L'introduction, avec sa tonalité incertaine, nous plonge dans un état de spleen, une solitude angoissée. Suit un grand crescendo, conjuguant intensité sonore et violence, qui conduit à l'énoncé du « De profundis » (le texte latin est inscrit au-dessus des portées). La gravité « grégorienne » du chant latin fait place à un adagio plus lumineux, installé dans la tonalité de sol majeur procurant, jusqu'à la fin du morceau, une impression de soulagement, d'acceptation et d'apaisement ; et on est frappé par la parenté entre l'atmosphère des dernières pages et celle du début de la *Sonate* « Clair de lune » de Beethoven : même sensation de temps étiré, qui projette dans un état étrange, comme au-delà de toute douleur.

En écho à « Pensée des morts », « Funérailles. Octobre 1849 » (n° 7) propose une autre méditation sur les disparus et l'au-delà, imposée par des événements qui méritent que nous nous y arrêtions.

Retrouvailles et Funérailles

Car le recueil *Harmonies poétiques et religieuses* bruit de l'écho des bouleversements et des violences qui agitèrent l'Europe de 1848-1849. À la suite de Paris qui, en février, avait renversé la monarchie et instauré un régime républicain, l'Europe presque entière fut traversée de soulèvements où s'exprimaient des revendications à la fois libérales et nationales. Le 13 mars, à Vienne, une révolte provoqua la fin de l'absolutisme et la fuite de Metternich, symbole du conservatisme d'après 1815. Dès lors les minorités nationales – Hongrois, Tchèques, Croates, Slovaques, Roumains, qui composaient la mosaïque de l'Empire des Habsbourg – haussèrent le ton contre l'autorité impériale. Par contagion, les libéraux allemands réunirent une Assemblée nationale constituante (Parlement de Francfort) avec la volonté de réaliser leur unité sans l'Autriche (l'Allemagne était jusqu'alors une Confédération de trente-neuf États regroupant aussi bien la part allemande de l'Empire des Habsbourg que les royaumes de Prusse, de Bavière, de Hanovre... quelques villes libres et un certain nombre de grands et petits duchés.)

Parti de Woronince au début du mois, Liszt était arrivé à Weimar fin janvier 1848, tandis que Carolyne se rendait à Kiev pour vendre une partie de ses domaines, sans attirer l'attention de sa belle-famille, et déposer une demande d'annulation de son mariage. Elle-même quitta secrètement Woronince le 2 avril, emportant sa fille Marie et sans doute de grosses sommes d'argent – tout ce qui allait lui rester de sa fortune. Elle parvint à s'enfuir de Russie et, le 18 avril, rejoignit Franz qui l'attendait au château du prince Félix Lichnowsky, en Silésie prussienne. Ce petit-fils du mécène de Beethoven, ami intime de Liszt depuis 1840, s'était engagé dans la révolution libérale et siégeait régulièrement au Parlement de Francfort. En juin, Carolyne, Marie et Franz prirent la route de Weimar. Le musicien s'installa à l'hôtel Erbprinz pour respecter les convenances et sa nouvelle compagne, dans la demeure isolée de l'Altenburg. Quelques semaines plus tard, le 18 septembre, Félix Lichnowsky était assassiné à Francfort dans des conditions particulièrement horribles. La Hongrie, envahie par les armées autrichiennes, devenait un théâtre de violences insoutenables. Le 14 avril 1849, le leader hongrois Kossuth publia une Déclaration d'indépendance. Les Habsbourg firent alors appel à l'aide du tsar. La Hongrie, envahie, fut contrainte à la capitulation en août, et la répression y fut atroce.

Liszt usa de ses armes de musicien pour honorer son ami Lichnowsky et les héros de sa patrie. Pièce majeure des *Harmonies poétiques*, « Funérailles. Octobre 1849 » (n° 7 ; initialement intitulée « Magyar ») dresse à ces morts un impressionnant « tombeau » musical : elle déroule une sombre et solennelle marche funèbre où les traits du piano évoquent glas, cloches et fanfares. Mais au cœur du morceau, a montré Serge Gut, Liszt s'inspire d'une page célèbre de Chopin, qui venait lui aussi de mourir le 17 octobre 1849 : la *Polonaise en la bémol majeur* op. 53, dite « Grande Polonaise ». L'ami polonais était ainsi associé à l'hommage rendu à la Hongrie et à Lichnowsky. Le « tombeau » dressé aux héros morts dépassait l'émotion immédiate du deuil, élargissait le cadre national et donnait à l'œuvre la portée d'un symbole. Cette réflexion sur le deuil et la gloire posthume s'approfondit cette même année 1849 dans ce qui allait devenir le poème symphonique *Héroïde funèbre (Heldenklang)*, fresque poignante célébrant l'humanité héroïque qui lutte et meurt pour ses idéaux.

1848-1861
Weimar, diriger pour servir, composer pour grandir

Les années Weimar sont un nouveau défi que Liszt se lance à lui-même et lance à l'Europe artistique, incrédule. Pendant une dizaine d'années il déploie une énergie considérable à composer, diriger, enseigner, et à soutenir les musiciens contemporains qu'il admire.

L'Altenburg

Il fallait sortir de Weimar, passer devant le château grand-ducal, traverser le pont sur l'Ilm – dont le cours était beaucoup plus large qu'aujourd'hui –, escalader la colline de l'Altenburg par une longue série de marches raides. Là-haut, un cadre de verdure isolé avec une vue superbe sur la ville, une grande maison spacieuse (une trentaine de pièces sur deux étages) portant le même nom que la colline sur laquelle elle était juchée. Tel fut, pour plus de dix ans, le cadre intime où vécut Liszt. L'Altenburg fut d'abord loué par la princesse Wittgenstein, puis acquis en 1851 par la famille de Saxe-Weimar pour que Liszt puisse y demeurer durablement, en toute quiétude. Mais le plus décisif fut la vigilance et les encouragements de Carolyne qui tenait parfaitement son rôle de maîtresse de maison.

Quel était l'ordinaire de l'Altenburg, quand les fonctions officielles de Liszt ne l'obligeaient pas à descendre en ville ? Il se levait tôt et consacrait sa matinée à la composition musicale, installé dans son bureau (le « cabinet bleu ») où Carolyne le rejoignait pour rédiger quelques pages des proses brumeuses qu'elle nous a laissées. Le cas échéant, ils écrivaient ensemble – Liszt dictant – textes et articles. Les intimes du couple arrivaient pour déjeuner, qu'il s'agisse d'élèves venant prendre leur leçon, ou des collaborateurs tels que Joachim Raff (qui aidait à l'orchestration des œuvres) ou Peter Cornelius (qui faisait office de secrétaire personnel). La journée s'achevait généralement en musique : « Liszt et la princesse tenaient souvent table ouverte et accueillaient une vingtaine d'invités, et parfois davantage, pour une soirée musicale. On préférait en ce cas la musique de chambre, et des musiciens weimarois tels que Karl Klindworth, Ferdinand Laub et Bernhard Cossmann jouaient les *Trios* de Schubert, ou bien encore Liszt et Joachim interprétaient la *Sonate à Kreutzer*. De temps à autre, Liszt se laissait convaincre de jouer une de ses compositions – la *Bénédiction de Dieu dans la solitude*, par exemple, qui, au début des années 1850, était l'un de ses grands morceaux favoris. » [A. WA1, 546]

Ceux qui à l'Altenburg bénéficiaient – toujours gratuitement – des conseils de Liszt n'étaient pas des « élèves », mais des disciples, déjà avancés au plan technique, voire des pianistes confirmés : de futurs artistes. Rapidement, il cessa de donner des leçons individuelles pour expérimenter le principe des *master-classes*. La générosité du maître ne tarissait pas. Il n'hésitait pas à aider ses élèves, parfois financièrement, toujours avec délicatesse ; il en logeait certains à l'Altenburg, les faisait se produire devant des auditoires de qualité... et, le temps venu, les recommandait pour l'obtention d'un poste et suivait leur carrière. Ainsi naquit une première génération de talents illustres : Hans von Bronsart, Hans von Bülow, Franz Brendel, Carl Tausig, etc. Liszt donnait aussi des leçons d'orgue et contribua à la formation de deux organistes qui devinrent les meilleurs de l'époque, Alexander Winterberger et Alexander Gottschalg.

Pareille vie « sédentaire » (toute relative car Liszt voyageait à l'occasion de festivals, de concerts qu'il dirigeait en Allemagne et en Autriche) se révéla incroyablement féconde : profusion d'œuvres d'une grande variété et novatrices. Citons les douze poèmes symphoniques, créés entre 1850 et 1857 ; les deux *Symphonies*, écrites entre 1854 et 1856 ; les deux *Concertos pour piano*, créés en 1855 (le n° 1 en mi bémol majeur) et en 1857 (le n° 2 en *la* majeur) ; la *Totentanz* (variations sur le « Dies irae ») ; la *Messe de Gran* (créée en 1856), le *Psaume 13* (composé en 1855), des lieder, etc... enfin, le chef-d'œuvre absolu pour piano seul qu'est la *Sonate en si* (1853); et un autre chef-d'œuvre, pour orgue, la *Fantaisie et Fugue « Ad nos, ad salutarem undam »* (1850, d'après un choral extrait du *Prophète* de Meyerbeer), qui est aux organistes ce que la *Sonate* est aux pianistes. Dans les deux cas, l'interprète doit mener l'auditeur d'un bout à l'autre d'une demi-heure de musique, avec une intériorité concentrée, sans que la tension ne fléchisse.

LA *SONATE EN SI MINEUR*

Liszt ne s'est guère expliqué sur sa *Sonate*, laissant à la postérité le soin de la commenter avec abondance... C'est sans doute que l'énergie créatrice fut ici tout entière engagée dans le matériau musical, d'où la densité et la puissance de l'ouvrage. Comme son nom l'indique, la sonate s'inscrit dans une tradition formelle dont la période classique venait de fixer le cadre général : quatre mouvements (un allegro; un mouvement lent, plus lyrique; un scherzo; un allegro final) entretenant des rapports de tonalité, de tempo et de thématique. Mais Liszt dépasse ce cadre et propose un mouvement unique de 760 mesures, soit un récit musical d'une seule lancée.

Un trait d'écriture lisztien est ici mis en œuvre, qui assure l'unité de l'ensemble en même temps qu'il permet des audaces de construction : c'est ce qu'on appelle la *transformation thématique*. Énoncés avec éclat dès le début, trois thèmes principaux structurent la *Sonate* : le thème d'introduction (une gamme descendante, entraînant vers d'inquiétantes profondeurs) est formulé à deux reprises dans le *lento assai* des sept premières mesures (la deuxième fois, la gamme est traitée « à la tzigane ») et il va ponctuer régulièrement le discours musical ; surtout, les deux thèmes conjugués, très affirmés, de l'*allegro energico* (mesures 8 à 12 pour le premier, mesures 12 à 17 pour le second) vont être développés, variés, transformés, traversant l'œuvre, l'irriguant d'une substance en constante métamorphose. À différentes reprises, émergent du cours de ce récit deux autres thèmes, plus immuables – tels deux rocs résistant au flux – avec des allures de citation. D'abord un thème « grégorien » (Liszt l'utilisera par la suite dans *La Bataille des Huns* et plusieurs ouvrages religieux : *Messe de Gran*, *Via Crucis*...), solennel et toujours proposé dans une nuance *forte* (il apparaît à la mesure 105). Ensuite, un thème surgissant au milieu de la Sonate (mesure 334) qu'on pourrait appeler « voix de Schumann » (Schumann est le dédicataire de l'œuvre) : un andante lyrique, noble et tendrement méditatif – on songe, par exemple, à la conclusion des *Dichterliebe*, quand les mots cèdent la place au piano, seul capable d'approcher l'ineffable –; ce motif réapparaît, ample et intense, une dernière fois avant la conclusion (mesures 711 à 728). Les thèmes en transformation, alliés à ces repères sonores, plus stables, que sont les thèmes-citations, structurent, orientent et dramatisent le récit musical.

Faut-il l'entendre comme le récit d'une vie ? Sûrement pas au sens d'une confidence autobiographique, mais en celui sublimé qui dessine la courbe d'un destin, à la fois très humaine et tendue vers l'idéal. Une voix jaillit du silence (le *sol* répété par trois fois en ouverture de la *Sonate*, dans le grave de l'instrument), s'affirme et s'élève. Et, à travers des formulations tantôt riches d'autorité, tantôt inquiètes, tantôt pleines d'abandon, cette voix ouvre l'éventail des émotions accompagnant la trajectoire d'une vie entière (tourments, doutes, espérances, passions...), qui trouvent ici leur traduction musicale, changées en énergie sonore. Par instants, la musique cesse, menacée par des pauses (silences, point d'orgue) où cette énergie se concentre, se ramasse – comme un fauve quand il se prépare à bondir – car jamais la tension ne se rompt. À la fin, après que l'espace a été le plus largement ouvert (accords célestes dans l'aigu de l'instrument, motif obsédant, quasi reptilien, dans le grave), la voix est conduite jusqu'à l'extinction – en écho aux *sol* du début, le *si*, dans l'extrême grave du piano, conclut la *Sonate* dans la nuance *pianississimo*. Nous avons ainsi été menés « du berceau jusqu'à la tombe », au fil d'incessants combats que l'artiste livre à lui-même et au matériau musical... Dans ce cadre là, la *transformation thématique* n'est pas simplement un procédé d'écriture – aussi novateur soit-il. Elle est l'expression d'une philosophie de l'existence, habitée par le souci permanent du dépassement de soi.

Dans l'intimité de l'Altenburg, animée par une vie musicale active à la façon des Schubertiades, Liszt fit entendre ses compositions pour piano et chant. Elles marquent le genre et comptent dans le corpus lisztien : quatre-vingt un lieder écrits entre 1838 et 1886. S'ils sont rarement interprétés de nos jours, c'est peut-être que leur catalogue est moins identifiable car éclaté entre cinq idiomes différents : français (15 – beaucoup de poèmes de Victor Hugo), italien (5 – dont les trois « Sonnets de Pétrarque »), hongrois (3), anglais (1) et allemand (57 – avec une prédilection pour Heine et Goethe).

Schubert avait fait du lied une création libre, dégagée des schémas classiques : une *petite forme* faisant la part belle à l'émotion personnelle comme source de l'invention musicale. Cela ne pouvait que toucher Liszt et le conforter dans sa volonté d'élaborer une forme inédite où musique et poésie fusionneraient. Entre 1838 et 1846, il transcrivit une soixantaine de poèmes de Schubert et en même temps composa plus de la moitié de ses propres lieder. Sa pensée musicale se nourrit de ce travail de transcription tout en profitant de la leçon des paraphrases d'opéra. Aussi le lied selon Liszt se déploie-t-il souvent suivant une ligne mélodique « bel cantiste » tandis que le travail harmonique, confié au piano, assure une part majeure du discours poétique et du commentaire psychologique – acquisitions dont Richard Strauss et Hugo Wolf sauront tirer parti. À Weimar, Liszt enrichit ses cahiers de lieder et entreprit un intense travail de révisions. Il avait quatre grands chanteurs à sa disposition : Franz Götze (un des premiers grands ténors lyriques de l'époque), Emilie Genast, Rosa von Milde et son époux Feodor, tous à la hauteur des exigences vocales et musicales de pièces où les harmonies sont audacieuses, et dont la ligne vocale, très libre, sollicite la voix dans toute son étendue.

La direction d'orchestre

Weimar comptait environ douze mille habitants. Quand Liszt s'installa à son poste, trente-cinq musiciens formaient tout l'effectif de l'orchestre, et vingt-trois chanteurs celui du chœur. Malgré ses efforts constants, réitérés pour étoffer ce dispositif très insuffisant, il n'avait obtenu, à la fin des années 1850, qu'une augmentation de quatre instrumentistes et de quatre chanteurs. Néanmoins avec cette mince équipe, stimulée par l'énergie lisztienne, le théâtre de Weimar devint une scène de premier plan, au répertoire vaste et novateur. Entre 1848 et fin 1858, Liszt monta quarante-quatre opéras différents, la plupart de compositeurs contemporains : il y eut plusieurs créations mondiales mémorables (*Lohengrin* de Wagner en 1850, *Alfonso et Estrella* de Schubert en 1854, *Le Barbier de Bagdad* de Cornelius en 1858...), et des créations allemandes (*Martha* de Flotow en 1848, *Benvenuto Cellini* de Berlioz en 1852, *I Due Foscari* de Verdi en 1856...).

Quant au domaine symphonique, ces « ânes » de Weimarois et la Cour, mieux disposée, purent entendre un répertoire consistant : Beethoven, les *Symphonies*, le *Concerto pour violon* en ré majeur, le *Concerto pour piano n° 5*, *Egmont* ; Berlioz, quasiment l'« intégrale » ; Haendel, *Le Messie* et *Judas Macchabée* ; Mendelssohn, les oratorios *Elias* et *Paulus*, la cantate *La Nuit de Walpurgis*, le *Songe d'une nuit d'été*... ; Mozart, l'Ouverture de *La Flûte enchantée*, le *Requiem*, la *Symphonie n° 40*... ; Schubert, la *9e Symphonie* ; Schumann, les ouvertures de *Manfred* et de *La Fiancée de Messine*, l'oratorio *Le Paradis et la Péri*, le *Concerto pour quatre cors*, le *Concerto pour piano* en *la* mineur op. 54 – avec Clara comme soliste –, les *Scènes de Faust*, la *4e Symphonie*...

Comme Berlioz et Wagner, Liszt appartient à cette génération de musiciens du XIXe siècle à la fois compositeurs et chefs d'orchestre qui firent évoluer la direction orchestrale. Son importance est moins reconnue uniquement parce qu'il n'a pas laissé d'écrit sur le sujet... Commencée en janvier 1840 à [Buda]Pest, plus tard concentrée à Weimar, sa carrière se prolongea de façon épisodique presque jusqu'à sa mort, à Rome, Berlin, Vienne, Weimar encore et surtout Budapest. Dans l'Europe de la première moitié du siècle, les orchestres étaient d'un niveau globalement médiocre ; l'exécution des symphonies de Beethoven fut souvent interrompue à cause de la défaillance d'instrumentistes. Les *Kappellmeister* avaient coutume de les diriger avec raideur en adoptant une battue strictement métronomique, se contentant souvent de suivre une partie de premiers violons ou une réduction pour piano. Liszt, impitoyable, qualifiait de « moulins à vent » ceux qui soumettaient la musique à pareille mécanique : « Les ouvrages pour lesquels je confesse hautement mon admiration [...] exigent, à mon sens, de la part des exécutants et des orchestres, un *progrès* [...] dans l'accentuation, le rythme, la manière de phraser et de déclamer certains passages, et celle de répartir les ombres et les lumières – en un mot un *progrès* dans le style de l'exécution. Ils établissent entre les musiciens des pupitres et le *musicien-chef* qui les dirige un lien d'une autre nature que celui qui est cimenté par le batonnement imperturbable de la mesure. Dans beaucoup d'endroits, même le grossier maintien de la mesure [...] jure avec le sens et l'expression. Là, comme ailleurs, *la lettre tue l'esprit...* » (À Richard Pohl, 5 novembre 1853 – A.WA1, 753)

Fort de ces principes, Liszt inventa une gestuelle mobilisant non pas la régularité d'un bras marqueur de temps, mais l'expressivité du corps entier : la baguette – parfois la main nue – par son mouvement dessinant la forme d'une phrase, ou indiquant la souplesse d'un rubato ; l'expression du visage reflétant l'émotion musicale à transmettre ; la flexion des jambes indiquant une nuance *pianissimo*, etc. Il fit pour l'orchestre exactement comme naguère pour le piano, quand il avait rompu avec la tradition purement digitale héritée des clavecinistes au profit d'un jeu qui engageait la totalité de l'énergie corporelle.

On vient de voir la belle part que Liszt réservait à ses contemporains dans sa programmation. Deux artistes furent les premiers bénéficiaires de son altruisme.

Berlioz

En mars 1852, Liszt dirigea la création allemande de l'opéra *Benvenuto Cellini*, dont la création parisienne, en septembre 1838, avait été désastreuse, fermant à Berlioz les portes de l'Opéra de Paris. Liszt l'avait alors défendu par écrit : « Honneur à toi, Berlioz, car toi aussi tu luttes avec un invincible courage, et si tu n'as pas encore dompté la Gorgone, si les serpents sifflent encore à tes pieds en te menaçant de leurs dards hideux ; si l'envie, la sottise, la malignité, la perfidie semblent se multiplier autour de toi, ne crains rien, les Dieux te sont en aide [...]. Combat, douleur et gloire : destin du génie. Ce fut le tien, Cellini ; c'est aussi le tien, Berlioz. » (*Lettres d'un bachelier ès musique*, « lettre XI, le *Persée* de Benvenuto Cellini ».)

Opéra romantique par excellence, centré sur l'artiste en quête de reconnaissance, non par ambition mais pour faire reconnaître la position éminente du génie : le sujet ne pouvait que toucher Liszt. Pour mieux imposer l'œuvre, la version de Weimar, créée le 20 mars 1852, la découpait en trois actes (au lieu des deux actes d'origine, mieux équilibrés). La même année, en novembre, Liszt la reprenait dans le cadre d'une « Semaine Berlioz ». En février 1855, il organisait une Deuxième Semaine Berlioz : celui-ci dirigea la création du 1er *Concerto* de Liszt avec le compositeur au piano. En 1856, eut lieu une Troisième Semaine Berlioz (en réalité une « Quinzaine ») au terme de laquelle le Français dirigea sa *Damnation de Faust*. Ainsi Weimar entendit la presque totalité des compositions berlioziennes pour orchestre : toutes les ouvertures (le *Carnaval romain* à six reprises, l'*Ouverture du Roi Lear* à deux reprises), les quatre symphonies (La *Fantastique*, *Lélio*, *Harold en Italie*, *Roméo et Juliette*), l'oratorio *L'Enfance du Christ*...

Wagner

Liszt avait croisé Wagner une première fois à Paris en 1842, sans lui prêter attention. En revanche, la représentation de *Rienzi* que Wagner organisa pour lui, en février 1844 à l'opéra de Dresde, allait marquer le début d'une amitié stellaire. Liszt fit venir à Weimar la production de *Tannhäuser*, produite par Dresde, et la dirigea pour l'anniversaire de Maria Pavlovna, le 16 février 1849. Le hasard fit que Wagner, fuyant Dresde après les journées révolutionnaires où il s'était compromis aux côtés de Bakounine, arriva à l'Altenburg à la mi-mai, quand Liszt reprenait cette production. Il put ainsi assister aux répétitions menées par son « second moi », qui le relayait en Allemagne au moment précis où lui-même en était proscrit. Le 28 août 1850, Liszt créa *Lohengrin* pour le 101e anniversaire de la naissance de Goethe. Il reprit en 1853 *Le Vaisseau fantôme*, qui n'avait pas été monté depuis sa création à Dresde en 1843; puis il organisa une Semaine « Wagner » du 27 février au 5 mars 1853 où l'on vit à la suite les trois opéras : *Lohengrin*, *Tannhäuser*, *Le Vaisseau fantôme*. À la suite de quoi il se rendit pour la première fois à Zurich : « Wagner m'attendait au débarcadère, et nous nous sommes quasi étouffés d'embrassements. Il a parfois comme des cris d'aiglon dans la voix. En me revoyant, il a pleuré et ri et tempêté de joie [...]. En un mot, une grande et grandissime nature, – quelque chose comme un Vésuve en train de feux d'artifice, lançant des gerbes de flamme, et des bouquets de roses et de lilas. » (À Carolyne, 3 juillet 1853 – HKLC, 263)

Le second séjour à Zurich en octobre 1856 marqua le point culminant de l'amitié des deux musiciens. Liszt y joua au piano le premier acte de *La Walkyrie*, Wagner chantant les parties vocales masculines. Mais après trois ans de dévouement lisztien le plus absolu, la brutalité de Wagner face à tout ce qui n'était pas apport d'argent – et Liszt lui en envoya toujours dans la mesure de ses moyens – conduisit au refroidissement de leurs relations. Liszt lui ayant annoncé l'envoi imminent de sa *Dante-Symphonie*, qui lui était dédiée, Wagner répondit, de Venise, par ces propos délirants : « Est-ce que, toi non plus, tu ne m'aurais pas compris ? Ne t'ai-je pas dit en termes clairs et nets que je cherchais par tous les moyens à ramasser de l'argent ? [...] Je n'ai plus 10 gulden en poche; je ne peux pas payer mon loyer; [...] en ce moment tout me lâche. Tout ! Et tous ! Je n'aperçois nulle part une rentrée assurée. [...] C'est à devenir fou. Je vois bien que tu ignores complètement ce que c'est que la misère. Heureux homme ! Ou bien me ferait-on le reproche de ne pas vivre plus petitement ? Mon Franz, quand tu verras le second acte de *Tristan*, tu admettras qu'il me faille beaucoup d'argent. Oui, je suis un grand dissipateur ; mais pardieu, il en sort quelque chose ! [...] Quand tu connaîtras le second [acte de *Tristan*], tu me pardonneras de ne savoir aujourd'hui que crier : « De l'argent ! de l'argent ! » Peu importe comment et de quelle source. *Tristan* remboursera tout ! [...] Envoie *Dante* et la *Messe*. Mais d'abord de l'argent ! (À Liszt, le 31 décembre 1858)

« La symphonie *Dante* et la *Messe* ne pouvant passer pour des actions de banque, il est sans doute superflu de les envoyer à Venise. Je juge non moins superflu de recevoir de si loin des télégrammes de détresse et des lettres blessantes. Sérieusement et en toute fidélité. » (À Wagner, le 4 janvier 1859)

Cette attitude odieuse n'entama pas la conviction de Liszt en l'excellence artistique de son ami : il savait spontanément séparer le génie et l'homme à qui il était échu. S'il en vint à se dépenser en faveur de Richard plus que pour tout autre, c'est qu'il le considérait comme plus grand génie. De plus, Liszt voyait l'opéra comme la forme la plus haute de création et celle où se réalisait de la façon la plus naturelle la fusion entre musique et poésie : à partir des années Weimar, il reconnut Wagner indépassable autant par la puissance de ses compositions que comme poète de ses propres œuvres. Aussi renonça-t-il lui-même à écrire un opéra, préférant mettre son intelligence et ses bras au service de cette supériorité qu'il estimait ne pouvoir égaler. Quoi qu'il pût advenir entre eux, il resta constant dans son admiration pour l'œuvre de Wagner. À preuve cette lettre tardive : « Wagner appartient maintenant aux Olympiens, comme Goethe et Victor Hugo. Le cycle de ses œuvres depuis le *Tannhäuser* jusqu'aux *Nibelungen* et *Parsifal* tient du prodige. » (À Carolyne, 5 septembre 1882)

L'avenir ne l'a pas démenti.

Le grand œuvre orchestral

Quand il s'installa à Weimar, Liszt, peu expérimenté en matière d'orchestration, s'attacha les services d'un collaborateur : August Conradi remplit cette fonction de février 1848 à l'été 1849, relayé par Joachim Raff jusqu'en 1854. Mais, grâce à la fréquentation quotidienne de son orchestre, Liszt put expérimenter. Le cadre des « répétitions d'atelier » était particulièrement propice pour écouter comment « sonnaient » ses œuvres en cours de composition, corriger, modifier... Les rumeurs d'incompétence, nées des vantardises ou des frustrations de Raff, ont été définitivement dissipées, à partir des manuscrits, par Peter Raabe, directeur du musée Liszt à partir de 1910.

De son temps comme du nôtre, d'aucuns ont accusé la musique de Liszt d'être clinquante, remplie d'excès, d'effets de mauvais goût... Sans doute contient-elle des passages – bien moins fréquents qu'on ne le dit – où l'orchestre rugit et tonitrue : en particulier certaines apothéoses sans frein, affirmations triomphantes où l'inspiration s'amenuise et se raidit, la texture orchestrale perd en vivacité nerveuse. Mais pour l'essentiel Liszt aborde l'orchestre avec un sens raffiné de la couleur expressive, un goût très sûr de l'effet inouï. Il joue sans cesse des contrastes entre la masse des *tutti* et les ensembles beaucoup plus transparents, avec des timbres isolés, l'orchestre intervenant alors comme une juxtaposition de chambristes ou de solistes.

On peut certes se demander comment pouvaient sonner les compositions lisztiennes avec trente-cinq musiciens..., mais elles bénéficiaient du concours de quelques virtuoses hors pair, comme Joseph Joachim et Edmund Singer au violon, Jeanne Pohl à la harpe, Moritz Nabich au trombone. Il écrivit pour eux des parties décisives : dans le poème symphonique *Orphée* harpe et violon soutiennent en vrais solistes le discours musical; dans *Hamlet*, le violon solo, associé aux vents, déploie une mélopée à la douceur ophélienne; la harpe encore – Liszt la sort définitivement du « salon » – intervient au premier plan dans l'« Inferno » de la *Dante-Symphonie*; l'*Héroïde funèbre* sollicite l'extrême virtuosité du trombone, etc. De façon plus générale, Liszt aime confier un motif mélodique à un instrument soliste pour en accentuer le caractère « bel cantiste » et mettre ainsi à nu la pureté de son dessin. C'est le cas, par exemple, de l'intervention du violoncelle dans la troisième section (« Allegro moderato ») du *Concerto n° 2 pour piano* : l'instrument à cordes se lance dans une envolée « à la Bellini », que le piano accompagne et commente exactement comme il ferait dans une mélodie.

La recherche de la couleur neuve et expressive est manifeste dans l'utilisation des percussions – qui valut à Liszt beaucoup de critiques. Ainsi dans l'expression du pathétique : *Héroïde funèbre* propose une utilisation saisissante de percussions classiques (cymbales, grosse caisse et timbales) ou plus rares (cloches, tam-tam, tambour militaire) qui ponctuent inexorablement les interventions du reste de l'orchestre. Ainsi pour créer des couleurs à la fois délicates et exubérantes, quasi « méphistophéliques »... comme dans le *Concerto n° 1 pour piano* où, à partir d'un trille démesurément prolongé dans l'aigu du clavier à la fin de la section II (« Quasi adagio »), et tandis que se sont élevés plusieurs solos successifs (vents, violoncelle), Liszt soudain fait surgir un triangle démoniaque qui marque l'entrée dans la section suivante (« Allegro vivace »). Cette présence, incongrue et pourtant préparée, provoqua des sarcasmes lors des premières auditions, mais son effet vibrionnant, en constant rapport de timbre et d'énergie avec les traits nerveux du piano, est irrésistible. Ce ne sont là que quelques exemples parmi des centaines d'inventions.

Les œuvres concertantes

Conçues, ébauchées durant la « Période brillante » et considérées donc comme marquant la transition entre les œuvres pour piano de la jeunesse et les œuvres pour orchestre, elles furent le fruit d'un long travail de maturation, avec remaniements et versions successives avant la publication définitive. Les deux concertos pour piano, le n° 1 en *mi* bémol majeur et le n° 2 en *la* majeur (achevé en 1839, puis remanié en 1849, 1853, 1857 pour sa création à Weimar, et encore une fois en 1861), n'ont pas une forme classique. Un concerto classique, de Mozart par exemple, se déroule généralement en trois mouvements : un allegro avec deux thèmes; un mouvement plus lent, andante; un finale en rondo. Comme d'autres compositeurs romantiques – Schumann dans son *Concerto pour violon en la mineur*, Mendelssohn dans son *Concerto pour piano en sol mineur*... – Liszt tend à multiplier les mouvements et à les enchaîner sans interruption (quatre sections dans le n° 1, six sections dans le n° 2), de sorte que cela produit le sentiment d'une improvisation, d'un jaillissement rhapsodique.

Emprunté au Beethoven de la *5e* et de la *9e Symphonie* ou au Schubert de la *Wanderer Fantasie* op. 15, le principe lisztien de *transformation thématique*, dont nous avons parlé à propos de la *Sonate* et qui consiste à s'appuyer sur un motif inaugural et à en proposer plusieurs métamorphoses irriguant le cours de l'œuvre, permet d'élaborer une structure formelle assurant une forte continuité. Autre principe d'organisation, inscrit lui aussi dans la continuité de Beethoven : la variation. Liszt la développe dans sa *Totentanz* (« Danse des morts »), achevée en 1849, fondée sur le motif du « Dies irae » qui le fascinait depuis son adolescence.

L'invention d'une forme : le poème symphonique

En quelques années, à Weimar, Liszt composa douze poèmes symphoniques. C'est lui qui inventa le terme (en allemand « sinfonische Dichtung »). Il accomplissait ainsi ce qui lui tenait à cœur depuis fort longtemps : le renouvellement de la musique par une alliance avec la poésie. En témoigne ce texte-manifeste de 1842 : « À mesure que la musique instrumentale progresse, se développe, se dégage des premières entraves, elle tend à s'empreindre de plus en plus de cette idéalité qui a marqué la perfection des arts plastiques, à devenir non plus une simple combinaison de sons, mais un langage poétique plus apte peut-être que la poésie elle-même à exprimer tout ce qui en nous franchit les horizons accoutumés ; tout ce qui échappe à l'analyse ; tout ce qui s'agite à des profondeurs inaccessibles de désirs impérissables, de pressentiments infinis. »

Il y a dans cette alliance de la musique avec la poésie – comprise dans un sens très large – un souci spécifiquement romantique de libérer et d'élargir l'inspiration. Aussi, Liszt cherche-t-il à se dégager de schémas d'écriture hérités que les tenants de la « tradition » voulaient figer en règles immuables. Cela concerne en premier lieu ce qu'on appelle la « forme sonate », caractéristique du classicisme viennois, et qui repose sur un certain nombre de principes (exposition des thèmes, développement, réexposition ; jeu des tonalités suivant une dynamique qui crée des impressions de stabilité, de tension, de détente et de résolution finale ramenant à une harmonie tonale stable). Elle était un cadre structurant la pensée musicale pour l'écriture d'une symphonie, d'un quatuor, d'une sonate, et aussi les différents mouvements à l'intérieur de chacune de ces formes.

Ce qui sous-tend la conception lisztienne, et plus généralement romantique, c'est sa dimension spirituelle, d'où surgit la forme... cette spiritualisation de l'acte créateur fait passer le souci architectural de la composition en second. Liszt est incapable de contraindre son imagination, de l'enfermer dans des cadres formels préexistants et figés ; et il élabore le matériau musical à partir de « l'idée poétique » qui hante son esprit : « Le retour, l'alternance, la variation et la modulation des motifs sont conditionnés par la relation de ceux-ci à une idée poétique. » Ces motifs (ou thèmes) se révèlent d'une grande plasticité puisque Liszt les soumet à des métamorphoses, des déformations qui correspondent à autant d'aspects différents d'une pensée vivante. Toujours mobile et ondoyante, traversant toutes sortes d'états, se colorant de multiples nuances, la méditation lisztienne se matérialise cependant en un mouvement *unique*, ce qui est en accord avec l'élan de l'inspiration, *d'une seule lancée.* Liszt prolonge ainsi certaines expériences romantiques : en particulier l'ouverture symphonique, telle que Beethoven (*Egmont*), Berlioz (*Le Corsaire…*), Mendelssohn (*Les Hébrides…*) ou Schumann (*Manfred*) l'ont pratiquée. Ouverture n'ouvrant que sur elle-même…

L'idée germinative, « l'idée poétique », à la source de l'œuvre est extra-musicale. Elle naît de la lecture d'un texte littéraire (Hugo pour *Mazeppa*, Lamartine pour *Les Préludes*, Schiller pour *Die Ideale*, Shakespeare pour *Hamlet*, un poème hongrois pour *Hungaria*), de la réflexion sur un mythe (*Prométhée*, *Orphée*) ou sur un événement historique (*Héroïde funèbre*), de la contemplation d'un tableau (une fresque de Kaulbach pour *La Bataille des Huns*), etc. ; mais le modèle qu'elle propose, Liszt se l'approprie, le transforme en élan créateur, en fait un amalgame d'émotions et de réflexions, traduites en langage musical. L'idée qui nourrit le poème symphonique, Liszt l'explicite généralement dans un « programme » servant d'avant-propos : ce n'est ni un audio-guide ni un topo-guide livré au public pour qu'il suive le fil d'un discours musical qui raconterait une histoire ou décrirait une image. « Le programme n'a pas d'autre but que de faire une allusion préalable aux mobiles psychologiques qui ont poussé le compositeur à créer son œuvre et qu'il a cherché à incarner en elle. »

Jean Chantavoine, en scrutant l'idée fondamentale sous-tendant chaque poème symphonique et explicitée dans les « programmes », a montré qu'elle reposait généralement sur la dynamique de deux termes opposés : la Nature et l'Humanité (*Ce qu'on entend sur la montagne*), la plainte et la victoire (*Tasso; lamento et trionfo*) ; les rêveries amoureuses et les tumultes guerriers (*Les Préludes*) ; la désolation et la gloire (*Prométhée*) ; la sauvagerie païenne et la sérénité chrétienne (*La Bataille des Huns*), etc.

« Les programmes des *Poèmes symphoniques* [...] nous apparaissent comme d'ordre psychologique et lyrique beaucoup plus que descriptif. Le plus souvent, nous les avons vus se ramener à deux mots, ces deux mots évoquent moins des images plastiques que des émotions et des sentiments qui sont la source même du lyrisme. »

Le poème symphonique comme proposition pour dépasser la symphonie classique eut un grand succès – en cela il fut véritablement une « musique de l'avenir »... En Allemagne d'abord, où Richard Strauss (*Mort et Transfiguration*, *Ainsi parlait Zarathoustra...*) continua de creuser le sillon ouvert par Liszt ; en France, avec des compositeurs aussi divers que Saint-Saëns (*Le Rouet d'Omphale*, *La Danse macabre*), César Franck, Vincent d'Indy, Ernest Chausson, Paul Dukas (*L'Apprenti sorcier*) ou même Debussy (*Prélude à l'après-midi d'un faune.*) Enfin, dans l'Europe slave et nordique, le poème symphonique devint, pour plusieurs décennies, un genre fécond, avec les Russes (Moussorgski, *Une nuit sur le mont Chauve* ; Rimski-Korsakov, *Shéhérazade* ; Borodine, *Dans les steppes de l'Asie centrale*), avec Smetana (*Ma Patrie*), Dvorak ou Sibelius (*Finlandia*).

Les deux symphonies

Entre les poèmes symphoniques et les deux symphonies de Liszt, une différence est patente : celles-ci sont construites en plusieurs mouvements. Cependant Jean Chantavoine a justement souligné la continuité secrète et profonde, dans l'inspiration et l'élaboration, entre les deux formes qui participent de « cet art complexe et nouveau qui égale le musicien au poète ».

La *Faust-Symphonie* fut achevée en 1854 et créée à Weimar, le 5 septembre 1857, sous la direction de Liszt. Il avait découvert le premier *Faust* de Goethe, au travers de la traduction de Nerval (1827), grâce à Berlioz. Par rapport à celui-ci (*La Damnation de Faust*) et à Schumann (les *Scènes de Faust*), qui évitent la représentation scénique mais s'attachent au texte en donnant au chant une place de premier plan, Liszt a fait, comme le note Rémy Stricker, « un pas de plus vers la synthèse et l'abstraction » en écrivant une symphonie « sans texte ni parties vocales » – la version originale ne comprenant pas la coda avec ténor solo et chœur d'hommes. L'œuvre se présente comme un triptyque pour orchestre – trois mouvements présentés comme « trois portraits psychologiques » : Faust; Marguerite; Méphistophélès – soit un *andante soave* (féminin) encadré par deux mouvements plus rapides, rappelant en apparence la symphonie classique, mais renouant en fait avec le principe d'unité thématique employé par Liszt dans ses *Poèmes symphoniques* puisque la plupart des thèmes structurants circulent, sous divers avatars, dans les trois mouvements. Le coup de génie est de n'avoir attribué aucun thème à Méphisto : il est « l'esprit qui toujours nie » (Goethe); en conséquence, il se voit caractérisé par les thèmes de Faust soumis à des déformations comme s'ils étaient « dénaturés, disloqués, persiflés »; et l'orchestre devient un immense ricanement, interrompu par le thème doux, ineffable de Marguerite. L'œuvre trouve sa conclusion apaisante avec le chœur qui célèbre le pouvoir rédempteur de l'amour et l'Éternel féminin.

Méphisto, décidément tentateur et stimulant... Peut-être est-il la figure incarnant à merveille l'idée poétique de l'instabilité et de l'inquiétude métaphysiques, que Liszt traduit musicalement par des formules brillamment nerveuses, et vers la fin de sa vie, par des propositions de plus en plus aventureuses et insolites ? Il inspira d'autres compositions : pour orchestre, les *Deux Épisodes du Faust de Lenau* : « Danse à l'auberge du village » (transcrite pour piano en 1859-1860, c'est la *Méphisto-Valse n° 1*) et la « Procession nocturne »; la *Méphisto-Valse n° 2* pour orchestre (1880-1881); enfin, pour piano, en 1883, la *Méphisto-Valse n° 3*, et en 1885 une « Méphisto-Valse n° 4 » que Liszt intitulera finalement *Bagatelle sans tonalité*.

Comme le *Faust* de Goethe, la *Divine Comédie* de Dante accompagna Liszt durant toute sa vie d'artiste. Il l'avait relue auprès de Marie d'Agoult. Et il en avait conçu une pièce pour piano intégrée aux *Années de pèlerinage* : « Après une lecture du Dante ». À Woronince, Dante revint dans ses conversations avec Carolyne et dans ses préoccupations artistiques. Il esquissa sa symphonie en 1847, et l'acheva à Weimar en 1855. Il avait prévu trois « tableaux », épousant la structure du poème, mais Wagner, au terme d'une lettre extrêmement développée, réussit à le persuader d'aborder le « Paradis » avec circonspection, car face à lui, Dante lui-même avait faibli : « Ainsi, tu nous donneras une *Divine Comédie* ? Voilà certes une idée admirable, et déjà j'en savoure ta musique à l'avance. Pourtant il faut que j'en cause un peu avec toi. L'« Enfer » et le « Purgatoire » réussiront, je n'en doute pas un instant; quant au « Paradis », j'hésite à me prononcer [...]. Je me borne à te rendre fidèlement l'impression que me fait la *Divine comédie*, qui finalement, dans le Paradis, n'est plus à mes yeux qu'une comédie divine, où je ne saurais plus figurer, ni comme acteur, ni comme spectateur. »

La *Dante-Symphonie* est donc en deux mouvements : un spectaculaire « Inferno », dont les différentes sections sont ponctuées par un thème qui retentit comme un glas désespérant (correspondant au vers de Dante *« Lasciate ogni speranza, voi ch'entrate »* – Vous qui entrez, abandonnez toute espérance); un « Purgatorio » et, en guise de coda, un « Magnificat » pour chœur de femmes, qui donne un simple et sobre aperçu de ce que pourraient être les célestes lumières du Paradis.

Ombres

À côté de l'éclat de l'activité weimaroise, il y eut une part d'ombre équivalente, faite de toutes les difficultés auxquelles Liszt, sans cesse, fut confronté, aussi bien hors la ville que dans son travail au théâtre de la Cour, et jusque dans sa vie privée.

En Allemagne, une pluie de critiques s'était abattue sur le compositeur et sur le chef d'orchestre : si on reconnaissait en Liszt le virtuose incomparable, on dénigrait le chef jugé sans technique, pour ne pas dire incompétent, et on accablait le compositeur sans inspiration et ses œuvres « informes », irrespectueuses des règles d'écriture héritées des classiques viennois. Face aux tenants de la tradition – qu'on identifiera, pour simplifier, à Leipzig – le Weimar de Liszt, de ses protégés (Wagner) et de ses disciples (Bülow, Cornelius...) était considéré (ou dénoncé) comme le haut lieu de la « musique de l'avenir ». Il bénéficia par bonheur du soutien de la *Neue Zeitschrift für Musik*, revue fondée naguère par Schumann, reprise en 1844 par Franz Brendel qui en avait fait le fer de lance de « l'école weimaroise ». Sans détailler les péripéties de la « querelle des romantiques » (nouvel avatar de l'éternelle querelle des Anciens et des Modernes), qui compta dans l'histoire de la musique allemande au XIXe siècle, il faut insister sur les répercussions qu'elle eut dans la vie de Liszt, considéré comme chef de file : elle fit oublier à ses adversaires qu'il avait toujours défendu l'héritage des grands aînés (de Bach à Beethoven – mais évidemment pas dans un sens restreignant la liberté de créer et d'inventer de nouveaux modes d'expression musicale) ; elle altéra évidemment l'accueil de ses propres compositions symphoniques ; elle eut aussi des aspects psychologiquement douloureux, par exemple quand son protégé Joachim rejoignit le clan conservateur au milieu des années 1850 puis, en mars 1860, cosigna avec Brahms, J.O. Grimm et Scholz dans le *Berliner Echo* un manifeste (« Erklärung ») attaquant violemment la « musique nouvelle » et son promoteur. On notera simplement que même après cette attaque directe, le *Neues Weimar Verein* (association pour la musique de l'avenir, fondé en 1854 et dont Liszt était le président) qui avait pour but de présenter chaque année dans une ville allemande différente le meilleur des compostions contemporaines, resta sans parti pris d'école : la « musique de Leipzig » y fut également défendue.

Au plan privé, la situation de la princesse Wittgenstein à Weimar devint, au fil des ans, intenable. Dès leur arrivée, Franz et Carolyne furent en butte à l'hostilité active du pasteur de la ville, qui ne tolérait pas l'adultère. Très vite, Carolyne se lança dans une correspondance fleuve pour obtenir l'annulation de son mariage, qui conditionnait son divorce. Tant que la question n'était pas réglée, elle ne pouvait être reçue à la Cour. Cette obsession se traduisit par de fortes somatisations – affections de la peau nécessitant de longues cures...– et un stress perpétuel qui finissait par lasser Franz car « comment vivre dans cet état de fièvre chaude et de tétanos perpétuel ? » Tout cela explique qu'entre 1853 et 1855, Liszt ait trouvé refuge dans une relation physique à la fois passionnée et très tendre, avec une délicieuse « James Bond girl » : Agnès Denis-Street. Fille de l'espion Klindworth et assez bonne pianiste, elle se joignit au groupe des jeunes disciples de Franz, entre 1853 et 1855, sans doute parce que la position de Liszt à la cour de Weimar faisait de lui une source d'informations de premier ordre sur les relations privilégiées du grand-duché avec la Russie et la Prusse. Liszt savait qu'il pouvait compter sur la discrétion d'Agnès – ce qui était essentiel pour épargner Carolyne, étant donné son exclusion de la vie sociale de Weimar. Cette position s'aggrava en 1854 : Carolyne fut bannie de Russie sur décision du tsar, elle fut privée de ses droits civiques, de ses biens et il devenait très délicat pour la famille princière de la garder à Weimar. D'isolée qu'elle était, elle devint une paria.

Au plan professionnel, Liszt rencontra également des difficultés permanentes. Les promesses de Charles-Alexandre, quand Liszt réclamait plus de moyens pour la musique, ne se concrétisèrent jamais. Surtout Liszt eut de graves problèmes avec les intendants du Théâtre de la Cour. Dingelstedt, qu'il fit nommer en 1857 à ce poste, se révéla un faux ami et un redoutable intrigant, acharné à monopoliser le pouvoir et les crédits au profit du théâtre proprement dit. Il fomenta la cabale qui éclata le 15 décembre 1858 alors que Liszt dirigeait la création mondiale de l'opéra de Peter Cornelius, *Le Barbier de Bagdad*. À travers Cornelius, son disciple tout acquis à la

« musique nouvelle », Liszt savait qu'il était très personnellement visé. Il prit sur-le-champ la décision de démissionner de ses fonctions officielles. À sa superbe lettre de démission adressée à Charles-Alexandre le 14 février 1859 [HKCL, 375], et malgré les témoignages de sympathie de la Cour, Liszt ajouta cette ferme missive : « Il serait mal entendu de votre part, Monseigneur, d'insister pour que je reprenne mes fonctions publiques, quand le moment est venu pour moi de les quitter. En l'exigeant, vous commettriez une sorte de mauvaise action, qu'il m'appartient de ne pas vous laisser faire. […] Que vous faut-il, Monseigneur ? Un théâtre qui ne risque pas d'être confondu avec les mauvais *Stadttheater* : un *Hoftheater*, c'est-à-dire un établissement d'art, non une entreprise dont le chef déclare que l'argent des galeries a pour lui le même parfum que celui des balcons. […] Le théâtre de Weymar n'a eu de signification que sous Goethe, et Goethe n'a jamais eu besoin d'y paraître en public. Si vous souhaitez mes services dans l'ordre musical, dispensez-moi de la lettre qui tue et laissez ainsi franc jeu à l'esprit que je représente, esprit d'initiative et d'encouragement dans le domaine de l'art. En dix ans j'ai fondé *eine Weimar'sche Schule* [une « École de Weimar »], sans aucun appui. Il m'a seulement été possible de faire exécuter certains ouvrages ; c'est quelque chose, mais cela a été tout. Je défie un autre de faire ce que j'ai fait avec si peu de moyens. […] Mon séjour seul à Weymar a identifié le nom de cette ville à celui de cette école. Si je passe dix ans à Lübeck, on dira

Lübecksche Schule ! et pour plus de dix ans, je vous l'assure, car la victoire et l'avenir sont à nous. » (À Charles-Alexandre, 6 février 1860 – HKLC, 402)

Liszt ne dirigea plus jusqu'à son départ. L'horizon autour de lui s'était brusquement assombri avec la mort de la grande-duchesse Maria Pavlovna, son principal soutien à Weimar, en juin 1859. Et surtout, Daniel, le plus jeune de ses enfants, expira dans ses bras, à Berlin, chez Cosima en décembre 1859. Il composa à sa mémoire la première de ses *Trois Odes funèbres* : « Les Morts » (1860), une œuvre symphonique, complétée en 1864 et 1866 par deux morceaux d'une couleur pareillement sépulcrale – *La Notte* et *Le Triomphe funèbre du Tasse*. Carolyne quitta Weimar pour Rome, en mai 1860. Liszt rédigea en septembre son testament, mais demeura à l'Altenburg jusqu'en août 1861. Très sombre, le testament s'achève par le rappel du rêve qu'il aurait pu réaliser avec un peu d'assistance : « À un moment donné (il y a de cela une dizaine d'années), j'avais rêvé pour Weymar une nouvelle période comparable à celle de Charles Auguste, et dont Wagner et moi nous étions les coryphées, comme autrefois Goethe et Schiller. La mesquinerie, pour ne pas dire la vilenie de certaines circonstances locales, toutes sortes de jalousies et d'inepties du dehors comme d'ici, ont empêché la réalisation de ce rêve… »

1861-1869
Rome, l'Église et sa musique

Franz et Carolyne se retrouvèrent à Rome pour faire aboutir leur projet d'union. Échec cinglant. Un nouveau projet mobilisa alors l'énergie de Liszt : réformer la musique de l'Église catholique. Croyant avoir le soutien du Pape et du haut clergé, il s'engagea au plan individuel en devenant l'abbé Liszt, et au plan artistique, rêvant d'être pour Rome un nouveau Palestrina. Nouvelle métamorphose donc. Les détracteurs dénoncèrent le déguisement supplémentaire d'un irréductible poseur. Après les combats pour la « musique de l'avenir », la « musique religieuse de l'avenir » ! Liszt n'allait pas avoir à livrer à Rome d'aussi rudes batailles qu'à Weimar mais ses ambitions se révélèrent une nouvelle fois très supérieures à la volonté réelle de ceux qu'elles désiraient servir.

Mariage et célibats

Carolyne arriva en mai 1860 à Rome. Elle venait d'obtenir le décret d'annulation de son mariage avec

Nicolas von Sayn-Wittgenstein, signé de l'archevêque de Saint-Pétersbourg, et souhaitait que la décision fût officialisée par le Vatican. Le décret fut confirmé par les autorités vaticanes à deux reprises, en septembre puis en juillet 1861. C'était toutefois compter sans le nonce du pape à Vienne, porte-parole de la puissante famille des Hohenlohe. En octobre 1859, le prince Hohenlohe-Schillingsfürst, premier maréchal de la Cour impériale de Vienne, avait épousé la fille de Carolyne, Marie, qui devait hériter de toute la fortune maternelle, placée sous séquestre en Russie. Pour éviter les rumeurs, Liszt brouilla les pistes à la demande expresse de Carolyne et n'arriva à Rome que le 21 octobre, veille du mariage prévu pour le lendemain – jour de ses cinquante ans ! – à l'église San Carlo al Corso. Les futurs époux y recevaient la communion quand ils apprirent que la cérémonie était annulée par décision du Vatican. À ce décret d'une Providence incompréhensible, la réaction de Franz et Carolyne fut le renoncement.

La mort du prince Nicolas, en mars 1864, qui rendait leur union possible, ne modifia donc pas le *statu quo* : chacun avait repris sa vie indépendante, même si les liens restaient étroits. Carolyne continuait à écrire presque quotidiennement à Franz de longues missives, remplies d'adjurations et de conseils. Elle allait vivre recluse, pendant vingt-cinq années, dans son appartement romain du 89 via del Babuino, non loin de la place d'Espagne, entamant l'écriture de son « grand œuvre » (*Causes intérieures de la faiblesse extérieure de l'Église*) – vingt-cinq volumes au fur et à mesure mis à l'Index par le Vatican…

Liszt, attiré par la religion depuis l'enfance, s'en était un peu éloigné durant les années passées auprès de Marie d'Agoult et pendant le tourbillon de la « Période brillante », mais sans jamais renier ni sa foi ni sa ferveur envers le Christ et la Croix. La démarche religieuse qui soutint toute son activité romaine répondit au désir de s'impliquer personnellement et plus intimement dans le destin de l'Église, et de servir celle-ci en tant qu'artiste. C'était un retour au premier plan des préoccupations exprimées dès 1834, sous l'influence de Lamennais, concernant « l'avenir de la musique d'Église » : « Comme autrefois, et plus même, la musique doit s'enquérir du PEUPLE et de DIEU, aller de l'un à l'autre ; améliorer, moraliser, consoler l'homme, bénir et glorifier.

Or, pour cela faire, la création d'une *musique nouvelle* est imminente, essentiellement religieuse, forte et agissante, cette musique qu'à défaut d'autre nom nous appellerons *humanitaire* résumera dans de colossales proportions le THÉÂTRE et L'ÉGLISE. Elle sera à la fois dramatique et sacrée, pompeuse et simple, pathétique et grave, ardente et échevelée, tempétueuse et calme, sereine et tendre. »

L'idée mystique que Liszt se fait de sa mission n'est pourtant plus aussi abstraite que dans sa jeunesse. Loin des slogans et de la rhétorique, elle est nourrie de l'expérience, des connaissances accumulées. Désormais le compositeur peut servir la cause du Christ et de l'humanité en puisant dans l'énergie de sa conviction religieuse et dans l'étendue de sa science musicale; et faire souffler l'Esprit là où il avait déserté. En septembre 1856, alors que Liszt venait d'être nommé confrater chez les Franciscains de [Buda]Pest, il écrivit à Agnès Street : « ... parmi les compositeurs qui me sont connus il n'en est aucun qui ait un sentiment aussi intense et profond de la musique religieuse que votre très humble serviteur. De plus mes anciennes et nouvelles études de Palestrina, Lassus jusqu'à Bach et Beethoven [...] me donnent un grand appoint, et j'ai pleine confiance que dans trois ou quatre ans j'aurai pris entièrement possession du domaine spirituel de la musique d'église qui depuis une vingtaine d'années n'est occupé que par des médiocrités à la douzaine, lesquelles à la vérité ne manqueront pas de me reprocher de ne pas faire de la *musique religieuse* – ce qui serait vrai, si leurs ouvrages de pacotille et de prétintaille pouvaient compter comme telles. Là comme ailleurs il s'agit de « remonter aux fondements », comme dit Lacordaire, et de pénétrer à ces sources vives qui rejaillissent jusqu'à la vie éternelle. »

Rome, qui était alors la ville principale des États pontificaux (l'Italie n'avait pas encore réalisé son unité), accueillit Liszt à partir de 1861, d'autant plus favorablement que la vie musicale y était plutôt terne. Gustav Hohenlohe, qui allait devenir cardinal en 1866, s'était très habilement lié au compositeur, lui faisant miroiter qu'il pourrait réformer la musique de l'Église. Au Vatican, le pape Pie IX prit Franz en amitié, lui rendant visite à plusieurs reprises, le recevant en audience privée, l'invitant à jouer dans sa résidence estivale de Castel-Gandolfo... Entre eux, il y eut une admiration et une affection mutuelles – jusqu'à la mort de Pie IX en 1878 – qui, si l'on en croit la princesse Wittgenstein, touchaient au mimétisme : « Jamais je ne vis deux hommes se ressembler autant, par les âmes, comme Pie IX et Franz Liszt. L'un et l'autre sont accusés de vanité parce qu'ils ont un même et intéressant besoin d'échos et de reflets. Ils ne peuvent vivre sans se voir multiplier à l'infini dans les esprits contemporains. [...] Mettez-les en présence de dix personnes réunies, les voilà tout de suite en attitude. Les imbéciles disent qu'ils posent. Ce n'est pas vrai, ils ne posent pas, ils se déploient ; plus que cela, ils s'élèvent à toute leur hauteur ; alors seulement, ils grandissent et atteignent toute leur taille à ces instants-là. L'éventail encore fermé de leur personnalité s'ouvre. [...] Devant [le public], l'un et l'autre *s'expriment*, tantôt en tonnant, tantôt en séduisant. Les notes graves et terribles ne leur sont par moins nécessaires que les notes douces et pénétrantes. Pour l'un, sa musique, pour l'autre son éloquence, c'est la véritable raison de leur être. » (À Émile Ollivier, 7 avril 1877 – HKLT, 522)

Durant son séjour romain, Franz logea d'abord en ville, avant de se réfugier, en 1863, au cloître de la Madonna del Rosario, que le père Theiner, archiviste du Vatican, mit à sa disposition jusqu'à la fin 1866. C'était à une heure du centre de Rome, sur une hauteur, le monte Mario. Une cellule toute blanche, un mobilier tout simple : un lit en bois, une table de travail, une bibliothèque et un petit piano droit, qui avait perdu un *ré*. Depuis les fenêtres, une vue panoramique sur Rome, le dôme de Saint-Pierre et les monts Albains. Dans la quiétude de ce lieu, Liszt acheva en 1864 l'immense travail de transcription pour piano des *Symphonies* de Beethoven, commencé en 1837. Il bénéficia aussi d'un logement au Vatican même, attenant aux luxueux appartements de Gustav Hohenlohe (entre avril 1865 et juin 1866), puis, à partir de la fin 1866, il séjourna régulièrement dans un couvent près du Forum, à la Santa Francesca Romana.

L'engagement personnel dans l'Église prit une tournure spectaculaire en 1865 : en avril, Liszt entra dans la cléricature ; et le 30 juillet il reçut les quatre ordres mineurs de la prêtrise (portier, lecteur, exorciste, acolyte). Il portait ainsi le titre d'abbé, et la soutane qui lui seyait fort ; mais il ne pouvait ni célébrer la messe ni entendre la confession. La nouvelle stupéfia l'Europe cultivée, et à nouveau s'éleva le concert habituel des sarcasmes et des quolibets. Ce que certains dénigraient comme un « coup de pub », était le fruit d'une démarche sincère et cohérente : « Convaincu que cet acte m'affermissait dans la bonne voie, je l'ai accompli sans effort, en toute simplicité et droiture d'intention. Il correspond d'ailleurs aux antécédents de ma jeunesse, comme aussi au développement qu'a pris durant ces quatre dernières années mon travail de composition musicale, que je me propose de poursuivre avec une nouvelle vigueur, le considérant comme la forme la moins défectueuse de ma nature. » (Au prince Hohenzollern-Hechingen – A.WA2, 103)

En quelques années Liszt devint un acteur de premier plan de la vie musicale locale, parfois comme exécutant et chef d'orchestre, plus souvent comme professeur. Surtout, ayant trouvé, au Vatican et dans la campagne romaine, de nouveaux espaces de bienveillance et de quiétude (le couvent du monte Mario, la villa d'Este à Tivoli – villégiature de monseigneur Hohenlohe, etc.), il se lança dans une profusion de musiques sacrées, qui prolongeaient les « coups d'essai » des années précédentes.

Messes et Psaumes

Durant la seconde partie de son séjour à Weimar, Liszt s'était essayé aux compositions religieuses : deux œuvres dominent cette production, la *Messe de Gran* et le *Psaume 13* – l'une et l'autre composées en 1855.

Sa *Missa solemnis* lui avait été commandée au début de l'année par le cardinal-primat de Hongrie, Johann von Scitovsky pour l'inauguration de la basilique hongroise de Gran-Esztergom, d'où son nom *Messe de Gran*. C'est une œuvre monumentale. Le désir lisztien d'unir le théâtre et l'Église, qui se traduit par une progression dramatique faisant la part belle à la majesté et au pathétique, éclate dans le « Credo » : c'est à lui seul, souligne Serge Gut, « un véritable poème symphonique », ménageant au fil du texte une série d'épisodes contrastés qui sont autant de « coups de théâtre ». Liszt mit là beaucoup de ses propres convictions – il disait qu'il avait plus *prié* sa messe qu'il ne l'avait composée. Aussi, quand il la dirigea à Paris en mars 1866, à l'église Saint-Eustache, avec l'espoir de se faire enfin reconnaître en France comme compositeur, l'accueil réservé, pour ne pas dire franchement hostile, le fit souffrir. Un article cependant perçut l'ambition lisztienne en présentant l'ouvrage comme une sorte de « Messe d'un enfant du siècle » : « La messe de Liszt est une longue symphonie dramatique sur des paroles sacrées. [...] c'est une symphonie et c'est un drame. [...] Le drame est une conséquence, un produit de l'esprit du siècle ; [le siècle] avec ses agitations, ses doutes, ses frissonnements, ses blasphèmes, les emportements de sa foi nouvelle, a inspiré la messe que nous écoutions hier ; il la remplit, il la vivifie. Ce n'est plus seulement le chrétien qui parle, c'est l'homme [...] qui vient s'agenouiller devant l'autel... [HKLT, 514]

Le *Psaume 13* (1855) pour ténor, chœur et orchestre déploie le même dramatisme mais dans la forme ramassée d'une pièce en un seul mouvement – une de ces œuvres « d'un bloc », où l'inspiration lisztienne excelle. C'est le premier et le plus beau des Psaumes de Liszt – qui en composa cinq autres entre 1859 et 1881 (le *Psaume 18* ; le *Psaume 23* pour harpe, orgue et ténor solo ; le *Psaume 137* aux accents tziganes ; le *Psaume 116* intégré à la *Messe hongroise du Couronnement* et le *Psaume 129*). D'une grande intensité, loin de la sentimentalité fade qui prévalait dans la musique liturgique de l'époque, le *Psaume 13* est presque entièrement construit sur un thème unique, énoncé par la voix soliste clamant dans une poignante interrogation son sentiment d'abandon : « *Herr, wie lange willst du meiner so gar vergessen ?* » (Seigneur, jusques à quand m'oublieras-tu sans cessse ?) À partir de cette plainte, les métamorphoses du thème initial dessinent un cheminement spirituel – pas seulement catholique, mais lisztien en ceci qu'il est un dépassement permanent de soi ; il est mené par la voix du ténor lyrique, dont les angoisses, les interrogations, les prières, les espoirs et les louanges sont relayés et amplifiés par les interventions du chœur ; la composition est d'une telle cohérence que dans la lumière éclatante, la ferveur exaltée de l'hymne final, on perçoit encore quelque chose du ferment du désarroi originel. Liszt reconnaissait avoir écrit certaines pages « avec des larmes de sang », et s'identifiait à cette voix isolée qui appelle Dieu et réclame la présence de sa grâce : « la partie de ténor est très importante ; là je me suis fait à chanter *moi-même* et je me suis mis en chair et en os dans les faits et gestes du roi David. » Cette force de la confidence, qui irrigue l'ouvrage, se nourrit aussi d'une relecture précise des grands prédécesseurs : « je parcourrai plusieurs *Psaumes* de Mendelssohn que j'ai besoin de revoir, et le volume des *Cantates* de Bach – avant de commencer le Psaume qui me trotte dans la tête » avouait-il dans une lettre à Carolyne de juillet 1855. Aussi le *Psaume 13*, parce qu'il conjugue lyrisme personnel et sens classique de la forme, donne-t-il cette impression équilibrée, bouleversante d'exprimer une inquiétude individuelle et de la hisser aux dimensions de l'humanité entière.

Durant les années romaines, Liszt composa d'autres messes : la *Missa choralis* (1865) et la *Messe sexardique* (1869) qui reprend une *Messe pour chœur d'hommes* antérieure. La réduction du matériel musical à la voix avec accompagnement d'orgue, le dépouillement de l'écriture sont d'une austérité qui est la caractéristique d'un grand nombre d'œuvres liturgiques écrites à partir du milieu des années 1860. La *Messe hongroise du couronnement* (1867) fut commandée pour le couronnement de l'empereur d'Autriche comme roi de Hongrie, et Liszt la jugeait assez sévèrement, même si certains traits du « Benedictus » (solo lyrique de violon) ou de l'« Agnus dei » pimentent la partition de cet esprit « tzigane » tant goûté par le compositeur.

Légendes chrétiennes

L'une est hongroise. Les deux autres, franciscaines. À Rome, en 1862, Liszt acheva une composition de vastes dimensions : un oratorio pour huit solistes, chœur mixte, chœur d'enfants et orchestre, *La Légende de sainte Élisabeth*. Il en avait eu l'idée quelques années plus tôt, en voyant, au château de la Warturg, près d'Eisenach, une série de fresques du peintre autrichien Moritz von Schwind qui représentaient la vie de la princesse Élisabeth de Hongrie (1207-1231). L'ouvrage lisztien, à la façon des mystères du Moyen Âge, est construit en grands tableaux plus ou moins indépendants, retraçant l'histoire édifiante d'une vie. Six épisodes cruciaux donc : l'Arrivée à la Wartburg (Élisabeth enfant); le Landgraf Ludwig (Louis l'époux d'Élisabeth, au cours d'une chasse, surprend sa femme secourant les pauvres et assiste au « miracle des roses »); les Croisés (départ de Louis pour la Terre sainte); la Landgräfin Sophie (à l'annonce de la mort de son fils Louis, Sophie chasse sa belle-fille Élisabeth qui se trouve prise dans un orage); Élisabeth (prière, dialogue avec les pauvres et mort); Enterrement solennel d'Élisabeth (rassemblant les Croisés, l'empereur Frédéric II, les Églises germanique et hongroise, et tout le peuple). L'oratorio oscille entre une action dramatique (scènes de foule, confrontations entre personnages...) et des pages méditatives, qui soulignent la dimension spirituelle et morale d'un destin tourné vers la charité, le dévouement aux pauvres – on sent combien cet aspect toucha Liszt. On a pu dire que *La Légende* était à mi-chemin entre l'opéra et l'oratorio, même si son auteur s'est toujours refusé à en cautionner une représentation scénique. D'un épisode à l'autre, la continuité du discours musical est assurée par un certain nombre d'emprunts. Le thème principal est un motif grégorien chanté à la fête de sainte Élisabeth – Liszt ignorait qu'il s'agissait d'une Élisabeth portugaise... Deux autres thèmes appartiennent à la tradition hongroise (un chant religieux de la fin du XVIIe siècle, et un chant populaire du XVIIIe siècle). Et le quatrième est un choral allemand du XVIIIe siècle.

Cependant, comme le regrette Rémy Stricker : « Tout se passe comme si Liszt avait été si pénétré de respect face à ces documents qu'il ait eu peur d'y porter trop la main. [...] Ne serait-ce pas finalement qu'à cet oratorio si plein de bonnes intentions il manque la « sauvagerie » tzigane qu'on verra avec stupéfaction resurgir dans le *Tristis est anima mea* du *Christus* ? »

Cela n'empêcha pas que, du vivant de Liszt, ce fut l'ouvrage qui reçut l'accueil le plus largement favorable. Pour la création, dans une traduction hongroise, le 15 août 1865, à Budapest, Liszt en habit de franciscain dirigea près de cinq cents exécutants. Le succès fut énorme. La création, avec le texte original allemand, l'année suivante à Munich, sous la direction de Hans von Bülow, suscita le même enthousiasme. Au printemps 1886, l'œuvre connut le même triomphe à Londres, puis à Paris.

Avec ses *Légendes franciscaines* (1863), « Saint François d'Assise; la prédication aux oiseaux » et « Saint François de Paule marchant sur les flots », Liszt écrivit deux de ses dernières compositions pour piano d'une certaine envergure. Dans la première, qui s'inspire d'un chapitre célèbre des *Fioretti*, il reprend le motif d'un de ses chœurs sacrés (*Cantico del sol di Francesco d'Assisi*, 1862); Alan Walker n'hésite pas à donner à cette pièce une place éminente dans l'histoire de la musique « imitative » : « [Liszt] fait preuve d'une telle habileté à reproduire les chants d'oiseaux au piano que cette œuvre fait figure de lien historique entre *Le Coucou* de Daquin et le *Catalogue d'oiseaux* de Messiaen. » L'autre pièce illustre un épisode de la vie de saint François de Paule (le saint patron de Franz) : le franchissement à pied du détroit de Messine – Liszt possédait à l'Altenburg un tableau sur ce sujet. Pour le virtuose, c'est l'occasion d'opposer aux grondements d'une mer menaçante (à la main gauche), la sérénité imperturbable de la marche du saint (à la main droite). Quand Liszt l'interpréta pour l'empereur Napoléon III, le 21 avril 1866 à Paris, il fit sensation.

Filles aimées, filles perdues

Le 11 septembre 1862, Blandine, la fille aînée de Franz qui venait d'accoucher d'un fils en juillet, mourut à Saint-Tropez, laissant inconsolable son époux Émile Ollivier. Dans les semaines qui suivirent, Liszt composa pour le piano les *Variations sur « Weinen, Klagen, Sorgen, Zagen »*. Comme souvent chez lui, la musique s'enracine profondément dans les expériences de la vie, et elle reflète ici la puissance du deuil. Le compositeur s'appuie sur un bref motif de basse obstinée en chromatismes descendants, emprunté au début de la *Cantate BWV 12* de Bach « Weinen... » (Pleurer, gémir, se tourmenter, désespérer) que Bach lui-même avait réutilisé dans le « Crucifixus » de la *Messe en si*. Du désespoir et des tourments, on évolue, au fil des variations qui forment une grande chaconne, vers l'énoncé final et choral qui reprend le choral luthérien « Was Gott tut, das ist wohlgetan » (Ce que Dieu fait est bien fait) venant jeter sur l'ensemble une pâle lueur consolante et résignée.

En quelques années, deux de ses enfants étaient morts, jeunes adultes, et Liszt allait avoir une foudroyante déconvenue du côté de sa seule survivante, Cosima, qui avait épousé en août 1857 Hans von Bülow. En mars 1864, Louis II était monté sur le trône de Bavière. Épris de la musique de Wagner, il avait aussitôt fait rechercher le compositeur. Celui-ci, dont le *Tristan* désormais réputé inchantable venait d'être décommandé à l'Opéra de Vienne après plus de soixante-dix répétitions, fuyait ses créanciers et n'avait sans doute jamais été aussi désespéré. Par cet incroyable retournement de la Fortune, il se trouvait d'un seul coup projeté au sommet avec toutes les possibilités offertes par Munich. Il appela aussitôt à la rescousse Hans von Bülow, prié d'arriver au plus vite avec sa femme et leurs deux filles, Daniela et Blandine. Celui-ci venait de sacrifier les premières années d'intimité de son couple à transcrire l'impossible partition (sans cesse harcelé par Wagner avec une impudence inimaginable, lisible dans leur correspondance); en sus de ses multiples tâches d'enseignement et de promotion de la « musique de l'avenir », à Berlin. Cosima, dont la vie conjugale était sans doute un désert, se serait éprise de Wagner, à la fin de l'année 1863 – d'après le témoignage des deux intéressés. Elle accourut à Munich, tandis que Bülow, somatisant, restait provisoirement à Berlin. Le 10 avril 1865, Cosima accouchait d'une petite fille, Isolde, qui ne pouvait être que la fille de Wagner. Munich, qui avait maintes raisons de haïr celui-ci, s'empara du scandale. *Tristan* fut finalement créé le 10 juin 1865 sous la direction de Bülow ; et inspira à Liszt une de ses plus belles transcriptions pour piano : le « *Liebestod* » *d'Isolde*. Cosima mena double jeu tant qu'elle le put, Hans étant réduit à fermer les yeux tandis que Wagner, attaqué par les conseillers du Louis II et banni de Bavière, s'installait à Triebschen, près de Lucerne. Cosima vint le rejoindre et elle accoucha en février 1867 d'un quatrième enfant, Eva, reconnue cette fois par Wagner.

Liszt connaissait depuis 1864 la liaison de Richard et de Cosima. Il chérissait Hans comme son propre fils, et quand il apprit, à l'automne 1867, le naufrage du couple, le choc fut terrible. Il vint voir Wagner à Triebschen le 9 octobre pour le persuader de rompre. Un an plus tard, lorsque Cosima lui annonça qu'elle quittait officiellement Hans, Liszt fut rempli de douleur et de colère ; il rompit toute relation avec elle. En juin 1869 naquit Siegfried, dernier des cinq enfants de Cosima (et troisième de Wagner). Hans engagea alors une procédure de divorce qui aboutit en juillet 1870, permettant à Cosima de devenir madame Wagner le 25 août 1870. Elle quitta peu après la religion catholique pour le protestantisme – ce qui peina Liszt et mit hors de soi l'intégriste Carolyne.

1869-1886
Don de soi, dépouillement du moi

Dans la phase ultime de sa trajectoire, la destinée de Liszt est en apparence plus difficile à lire. Elle donne l'image d'un homme vieillissant mais dépensant ses forces sans compter. On retrouve l'être mobile de la « Période brillante », instable, courant les routes, mais la silhouette n'est plus aussi fringante, et le dandy majestueux a cédé la place à un vieillard usé, vivant volontairement de peu, voyageant en chemin de fer dans les compartiments de troisième classe... L'essentiel de l'énergie passe dans la transmission : à Weimar où Liszt se réinstalle à « tiers temps » et, dans une moindre mesure, à Budapest, il forme des dizaines d'élèves-disciples venus du monde entier. Il compose encore. Déçu par Rome où, mis à part de hautes et amicales protections, il n'a pas obtenu le soutien réel qui lui aurait permis de relever le niveau de la musique liturgique, il continue d'enrichir le répertoire sacré. Il compose aussi pour le piano, mais selon une manière qui tranche avec la virtuosité transcendante et l'abondance d'autrefois. Le Liszt des dernières années est à la fois un homme solitaire et très entouré. Il est fêté et, régulièrement, les concerts où ses œuvres sont jouées obtiennent des triomphes. Mais il ressent aussi un fort sentiment d'incompréhension et traverse des crises morales éprouvantes. Les accès d'abattement, s'ils assèchent parfois l'inspiration, n'entament pas l'audace du créateur : sous les certitudes de l'homme de foi, percent toujours l'esprit d'aventure, l'inquiétude viscérale, « méphistophélesque », qui éloignent des formules traditionnelles, poussent l'artiste à se dépasser, à oser des propositions prémonitoires, à adresser ses traits non plus aux contemporains, mais aux musiciens et au public du futur. Dans une lettre à Carolyne Wittgentsein, Liszt a trouvé la meilleure expression pour qualifier son ultime ambition d'artiste – ce qui l'a toujours animé : « Lancer son javelot dans les espaces indéfinis de l'avenir. »

La vie trifurquée

À partir de 1869, Liszt partagea beaucoup de son temps entre trois villes : Weimar, Budapest et Rome. Aussi, pour résumer ce mode d'existence, imagina-t-il la formule de « vie trifurquée ». Pour préserver le lien d'amitié avec Franz, le grand-duc Charles-Alexandre lui avait donné, avant le départ pour Rome en 1861, une place dans la hiérarchie du palais en le nommant chambellan de la Cour royale. La porte de Weimar restait donc toujours ouverte. Liszt la franchit à nouveau au début de 1869. Il s'installa à la Hofgärtnerei (maison du jardinier de la Cour), villa de deux étages donnant sur le parc Goethe, que la grande-duchesse avait aménagée à son intention avec magnificence. L'emploi du temps du musicien, qui passait là généralement les mois de printemps et d'été, était simple, comme à l'époque de l'Altenburg : le matin était réservé à la composition; à midi arrivaient visiteurs ou élèves (trois après-midi de la semaine étaient consacrés à l'enseignement); le soir, Liszt aimait recevoir; et le dimanche, en milieu de journée, il organisait des « matinées musicales » avec un cercle choisi d'artistes. La maison bénéficiait de la présence féminine d'Olga von Meyendorff, veuve de l'ancien ambassadeur de Russie à Weimar. Jouant volontiers le rôle d'une maîtresse de maison, elle fut une amie intime jusqu'à la mort de Franz, l'accompagnant parfois dans ses voyages, et toujours l'entourant d'attentions, le défendant contre lui-même, c'est-à-dire contre les excès de la générosité qu'il manifestait envers ses élèves et certains admirateurs de son entourage. À la Höfgartnerei on croisait une autre femme, Adelheid von Schorn, correspondante de Carolyne Wittgenstein, qui ne manquait pas de rapporter à celle-ci les faits et gestes de Liszt.

Rome avait perdu son intérêt au plan professionnel, mais le lien sentimental avec Carolyne perdurait; de plus, Liszt y goûtait à une vie mondaine active avec la possibilité de s'évader dans le cadre enchanteur de la villa d'Este, à Tivoli, où il était l'hôte de Gustav Hohenlohe – il y trouvait un calme recueilli propice au travail. C'est là, nous l'avons vu, qu'il conçut plusieurs pièces majeures de la troisième partie d'*Années de pèlerinage*. Cependant, après 1881, les séjours à Rome se firent beaucoup plus rares.

À Budapest (les deux villes de Buda et de Pest réunies en 1873), Liszt devint un acteur majeur de la vie musicale, après deux concerts qui marquèrent son retour au pays natal, au printemps 1869. Il organisa à partir de l'année suivante des matinées musicales. Nommé conseiller royal à la Cour de Hongrie en 1871 – ce qui lui procurait une source de revenus modeste mais régulière – il participa à la fondation de l'Académie de musique de Budapest, ouverte en 1875 : c'est l'actuelle Académie Ferenc Liszt. Il en fut le premier président. Pendant ses séjours hongrois, généralement vers la fin de l'automne et en hiver, il recevait une quinzaine d'élèves quatre fois par semaine, en fin d'après-midi. Il avait souhaité ce resserrement des liens avec la Hongrie pendant la guerre franco-allemande de 1870. Très francophile, admirateur de Napoléon III (dont les malchances historiques ont longuement occulté les apports positifs), il voulut absolument rester loin de l'Allemagne pendant ce conflit douloureux pour lui. Mais quant à l'efficacité de son action, il se sentait beaucoup mieux placé à Weimar. C'était pour lui le lieu le plus favorable. C'est en Allemagne que ses compositions, en dépit des réticences qu'elles suscitaient toujours, eurent l'audience la plus durable.

Aux trois ports d'attache entre lesquels Franz le *Wanderer* partageait le principal de son temps, il convient d'ajouter quelques étapes épisodiques ou rituelles : Vienne (chez son cousin Eduard), Paris,

Bruxelles, Londres... et surtout Bayreuth à partir de l'été 1873. Régulièrement invité dans toute l'Europe pour assister à l'audition de ses œuvres, à des festivals de musique, il affichait une incroyable vitalité et une résistance héroïque aux maux du corps et de l'âme. Il ignorait délibérément les fatigues de l'âge – aggravées par l'abus d'excitants, tabac, alcool – comme les souffrances physiques, qui le précipitèrent dans la vieillesse au cours des années 1880 : en juillet 1881, une chute sans gravité dans un escalier à la Hofgärtnerei, conjuguée à l'hydropisie qui enflait ses pieds, compliqua ses déplacements. La même endurance volontaire lui fit surmonter plusieurs crises de profonde mélancolie qui se produisirent dans le grand âge, en 1877 notamment.

L'enseignement

Durant les années 1850 à Weimar, Liszt s'y était déjà amplement consacré. Il avait formé une première génération d'artistes. À Rome, dans la décennie suivante, il avait eu deux élèves éminents : Giovanni Sgambati (pianiste et chef d'orchestre) et Walter Bache, qui à Londres multiplia les récitals consacrés à son maître et prépara son voyage triomphal du printemps 1886. À partir de 1870, à Weimar et dans une moindre mesure à Budapest, Liszt forma un nombre considérable de musiciens et futurs grands solistes, qui allaient contribuer à la diffusion de ses œuvres, en Europe et aux États-Unis.

Il fut un pédagogue immense, et toujours novateur. C'est lui qui le premier, dans les années 1850, avait remplacé le cours individuel par la *master-classe*. Ce qui le motivait en tant que pédagogue était de révéler l'artiste à lui-même, insister sur l'esprit de l'œuvre, sur sa dimension poétique plutôt que sur son analyse formelle. Il se désintéressait des questions purement techniques et ne supportait pas qu'un pianiste eût une approche « objective » et rhétorique de la partition qu'il jouait : « L'analyse de ses méthodes, écrit Alan Walker, montre clairement que Liszt considérait que son devoir majeur était de placer devant ses élèves une « image auditive » claire et juste de chaque œuvre étudiée. Représentez-vous cette image, semblait-il dire, et votre corps trouvera comment la projeter. » Il aimait montrer par l'exemple. Et les témoignages abondent, qui évoquent le maître se mettant au piano, subjuguant son auditoire : scènes privilégiées car Liszt avait renoncé au concert et, même s'il avait peu d'argent, il refusait de remonter sur l'estrade pour son seul profit, n'acceptant de jouer en public qu'en de rares occasions, surtout pour des causes charitables. Ainsi William Mason, qui avait été son élève d'avril 1853 à l'été 1854, raconta comment, venu pour sa première leçon avec la *Ballade en la bémol majeur*, il impatienta Liszt qui prit sa place au piano et rejoua le même passage, mais avec une accentuation différente, qui introduisait dans la musique un flot de lumière : « À partir de cette seule expérience, raconta Mason, j'appris à dégager le même effet, là où il était approprié, dans presque chacun des morceaux que je jouais. Cela extirpa de mon jeu une grande partie de ce qu'il pouvait avoir encore de mécanique, de guindé, de non musical. » [A.WA1, 657]

Un autre principe d'enseignement qui lui tenait à cœur était de lier exécution et création musicales ; pour ce faire, il souhaitait que ses élèves – à l'Académie de Budapest par exemple – étudient le piano en même temps que la composition.

À Weimar en particulier, le vieux Liszt fut entouré par une ribambelle d'élèves, venus d'Europe entière et des États-Unis – où Mason, premier disciple américain, avait importé ses œuvres pour piano. Liszt les entraînait dans son sillage, pour des excursions, des sorties musicales, certains voyages… ce qui lui valut le surnom bienveillant de « joueur de flûte de Weimar », par analogie avec le conte germanique où le Diable musicien attirait les enfants de la ville de Hamelin. Certains témoins furent plus sévères et parlèrent d'une cour idolâtre rassemblant trop d'élèves médiocres dont le maître tolérait la présence : « … la faiblesse humaine, accentuée par l'âge, jointe à la bonté de son cœur, lui laissait supporter bien des choses qu'il n'eût pas tolérées autrefois. Aussi, beaucoup d'intrigants en profitaient pour se faufiler auprès de lui. Le sexe féminin surtout, était représenté à la Hofgärtnerei. Nombre de femmes pour se présenter ensuite avantageusement comme « élèves de Liszt », ou même « élèves de prédilection », venaient là sans autre motif. » (Adelheid von Schorn, citée in R. STR, 98)

Mais il suffit de lire une liste, même incomplète, des élèves pour constater que l'atmosphère de vénération, si elle pesait parfois, n'empêcha pas la formation de musiciens brillantissimes dont les noms restent connus du public mélomane, qu'ils soient venus d'Allemagne (Emil von Sauer, soliste et professeur au Conservatoire de Vienne ; Konrad Ansorge ; Alfred Reisenauer ; Karl Pohlig...), d'Autriche (le chef Felix Weingartner), de Hongrie (Rafael Joseffy, Geza Zichy), de Russie (Alexander von Siloti ; Arthur Friedheim), de Grande-Bretagne (Eugène d'Albert ; Frederic Lamond), de France (Marie Jaëll) mais aussi – et en grand nombre – des États-Unis (Ami Fay ; Carl Lachmund, qui fonda le Conservatoire de New York)...

Le Christ et la Croix

Avec *Christus*, achevé en 1866 et créé dans son intégralité à Weimar en mai 1873, Liszt offrait, dans le domaine sacré, son monument le plus magistral, par l'ampleur des proportions et par la hauteur de l'inspiration. C'était sa « coupole de Saint-Pierre », pour reprendre une comparaison de Carolyne Wittgenstein ; et il s'y attaquait à un sujet qui lui tenait profondément à cœur : le Christ et la Croix. « ... l'exaltation de la Sainte-Croix. Le nom de cette fête dit aussi l'ardent et mystérieux sentiment qui a transpercé comme d'un stigmate sacré ma vie entière. Oui, « Jésus-Christ crucifié », « le folie et l'exaltation de la Croix », c'était là ma véritable vocation. » (Testament de 1860)

Pour son oratorio, Liszt choisit lui-même les textes sacrés puisés dans les Évangiles de Matthieu, Jean et Luc, et dans les hymnes médiévaux de la liturgie catholique (le *Stabat mater dolorosa,* poème de lamentation de Jacopone de Todi ; son pendant anonyme, le *Stabat mater speciosa*, célébrant la joie de Marie face à Jésus nouveau-né ; enfin un hymne de Pâques et le *Resurrexit*). L'ouvrage comprend trois parties : 1) « Oratorio de Noël » ; 2) « Après l'Épiphanie », autour de l'enseignement du Christ, jusqu'à l'entrée dans Jérusalem ; 3) « Passion et Résurrection ». Elles regroupent quatorze épisodes de la vie du Christ. Le matériau musical est particulièrement riche : *Christus* est une synthèse de styles, rassemblant l'héritage ancien de la mélodie grégorienne, des polyphonies de la Renaissance à la manière de Palestrina ou de Roland de Lassus, mais aussi les modèles d'écriture chorale venus de Bach, Mozart ou Mendelssohn. C'est l'héritage que Liszt aime et dont il tire des propositions tout à fait originales. Faire du neuf en puisant aux sources les plus anciennes : Liszt a repris la leçon goethéenne du *Second Faust*, qui consistait à ressaisir la tradition, la fondre dans une œuvre nouvelle qui l'englobe et la dépasse. Il emprunte donc et reformule, mais il recourt aussi à des techniques d'écriture qui lui sont propres : celles du poème symphonique pour les tableaux purement instrumentaux comme ceux, bucoliques et pastoraux, de l'« Oratorio de Noël » (n°s 4 et 5), ou la puissante évocation de la tempête sur le lac de Tibériade (n° 9) ; les tournures « à la tzigane » affranchies de la tonalité classique ; les procédés de transformation thématique et de variation...

Dans *Christus*, il n'y a pas de continuité dramatique, il n'y a plus de grande scène ni de personnages comme dans *La Légende de sainte Élisabeth*. On est plutôt sur un théâtre intérieur : la plus belle part est faite à l'engagement émotionnel du compositeur – et, à travers lui, de l'ensemble des fidèles appelés à communier autour des mêmes sentiments d'émerveillement, d'espérance ou de douleur. Et la dramatisation vient plutôt du jeu des variations d'atmosphère et du contraste des effets sonores (grand orchestre, masses chorales, solos, moments de musique de chambre...). Nous voici tantôt face à une fresque grandiose (n° 5 « Les rois mages » ; n° 10 « L'entrée à Jérusalem »), tantôt plongés dans une méditation lyrique, colorée par une joie intime (n° 3 « Stabat mater speciosa ») ou par la souffrance (n° 12 « Stabat mater dolorosa »). Voici que retentit soudain la voix Christ (confiée au baryton solo – n°s 6, 9 et 11) pleine d'autorité (« Pourquoi avez-vous peur, hommes de peu de foi ? ») ou bouleversante d'accablement (« Mon âme est triste jusqu'à la mort ») ou bien nous sommes invités à rejoindre une simple prière collective (chœur avec accompagnement sobre de l'orgue – n° 7 « Pater noster » et n° 13 « Hymne de Pâques »).

Mais Liszt a aussi créé selon une autre veine pendant les quinze ou vingt dernières années, en étant volontairement homme de foi plus que librement artiste. Dans une lettre de juillet 1860, il avait exprimé son souhait de réduire le plus possible le matériau musical pour retrouver la simplicité, la souplesse de la mélodie grégorienne, et revivifier la musique liturgique en s'appuyant sur d'antiques fondations : « Tous les instruments d'orchestre seraient écartés – et je conserverai seulement un accompagnement *ad libitum* d'orgue, pour soutenir et renforcer les voix. C'est le seul instrument qui ait un droit de permanence dans la musique d'Église – moyennant la diversité de ses registres, on pourra ajouter aussi un peu plus de coloris. Toutefois j'en userai avec une extrême réserve. » (À Carolyne Wittgenstein, le 24 juillet 1860)

Ce parti pris d'austérité fut conforté par la rencontre avec le mouvement archaïsant de renouveau liturgique, dit « cécilien », animé par Franz Witt, maître de chapelle à Ratisbonne, qui prônait le retour à la simplicité des formules polyphoniques de la Renaissance (Palestrina, Lassus). Convaincu par les principes de Witt, qu'il fit venir comme enseignant à l'Académie de Budapest, Liszt se priva volontairement de la riche palette expressive de l'orchestre, et brida par là sa créativité. Cela nous vaut des pages dépouillées, tendant à la dépersonnalisation ; certaines d'une beauté âpre et exigeante avec, par endroits cependant, quelques « coups de patte » très lisztiens – par exemple, l'harmonie troublante des accords au début d'*Ossa arida* (1879), œuvre pour chœur d'hommes et orgue à quatre mains. Dans cette abondante et austère production, deux œuvres se distinguent : le *Requiem* (1871) pour chœurs d'hommes à quatre voix, quatre solistes (deux ténors, deux basses) et orgue (plus quelques ponctuations instrumentales – trompette, trombone, timbales) ; et le *Via Crucis* (1879, créé seulement en 1929). Cette œuvre chorale pour chœur mixte, voix solistes et orgue, comprend quatorze sections (comme *Christus*), mais brèves, dans la manière lapidaire du Liszt des dernières années : elles figurent les stations du chemin de croix de Jésus. Les textes ont été choisis dans la Bible et dans d'autres textes sacrés, en latin et en allemand (pour les deux passages traités en choral luthérien). Le traitement de l'effectif musical montre une recherche de mise à nu des voix (solistes a capella) et de l'instrument (séquences d'orgue solo). Une grande place est ménagée aux silences, entre les sections, voire à l'intérieur de celles-ci, ce qui donne une extraordinaire sensation d'espace – un espace physique de la déambulation qui conduit d'un « tableau » au suivant ; un espace spirituel de la méditation.

Voix secrètes, voies d'avenir

Les dernières années ont ceci d'étrange qu'elles semblent conjuguer des contraires : reconnu et fêté, Liszt ne s'est jamais senti aussi abandonné. Il traverse des moments de profonde dépression, et exprime souvent des sentiments d'amertume et de grande lassitude.

Avant tout, il faut se garder de voir dans le vieux Liszt un compositeur maudit : ses œuvres commencent à être de mieux en mieux reçues, en Allemagne, en France, en Hollande, en Hongrie, en Angleterre... Certains adversaires sont toujours virulents, comme le Viennois Hanslick, qui définitivement n'accepte d'admirer en Liszt que les qualités de l'homme et celles du pianiste virtuose; et cette animosité persistante de la presse l'incite à déconseiller – voire interdire – à ses élèves de le jouer : « Pendant une leçon du mois de juin 1885, August Stradal joua les *Variations sur "Weinen, Klagen"*. Liszt se tourna vers ses élèves et lança : "Si vous voulez une mauvaise critique, jouez cela. On dira : "Ce jeune homme ne manque pas de talent – mais il est regrettable qu'il ait si mal choisi son programme."» (A.WA2, 31)

Toutefois à partir de 1885, il y eut un accroissement notable d'exécutions d'œuvres lisztiennes. Début d'une reconnaissance plus large ? Peut-être faut-il y voir le fruit de son enseignement : plusieurs générations d'artistes par lui formés, pianistes ou chefs d'orchestre, commencent à émerger sur la scène artistique et, bravant les avertissements du vieux maître, programment ses œuvres. Il s'y ajoute que Liszt est applaudi comme une sorte de monument vivant de la musique européenne. En 1886, pour fêter ses soixante-quinze ans, l'Europe se met en frais : Rome l'ovationne en janvier; puis c'est au tour de Leipzig, ville de la tradition si longtemps rebelle à la « musique de l'avenir », sous la direction d'Arthur Nikisch (six concerts au cours du printemps); ensuite Budapest (février), Vienne et Liège (mars); fin mars, début avril, Paris s'enthousiasme pour la *Messe de Gran*, les

Préludes, *Orphée* sous la direction d'Édouard Colonne ; en avril, Londres, pour la première fois, accueille Liszt sans aucune réserve...

Le compositeur apparemment reconnu reste sans illusion. Il garde le sentiment que son œuvre musicale n'est pas appréciée à sa vraie valeur, dans toute sa dimension. Il traverse des périodes d'agitation nerveuse, suivies d'effondrements et d'accès de mélancolie. Il prend douloureusement conscience de son usure physique (le déclin physique est net après 1881, l'hydropisie enfle ses pieds, l'acuité visuelle diminue considérablement) et du dépérissement de ses facultés créatrices. Il souffre aussi sûrement de l'altération de ses relations avec Carolyne Wittgenstein, notamment à cause de leur différend sur Wagner et Bayreuth. Comme toujours chez Liszt, l'inspiration reste sous l'emprise de l'émotion. Aussi les pièces qu'il compose pour le piano, son meilleur confident, dans ces dernières années, traduisent-elles le désarroi ; et il est important, souligne Alan Walker, de les rattacher à l'affliction qui les inspira. Liszt en est très conscient : « Je porte au cœur un profond chagrin ; il faut qu'il éclate en notes çà et là. » Sombre fécondité ! Les thèmes et les titres reflètent cette intime et ultime sensation de délaissement (qu'il ne faudrait pas qualifier trop vite de déréliction, car Dieu et Liszt ne se sont pour ainsi jamais abandonnés !) La pensée tourne autour du désespoir, du tourment ou de la tristesse (*Nuages gris*, 1881 ; *Schlaflos, Frage und Antwort*, 1883 ; *Unstern...*), ou bien elle se polarise sur l'idée obsédante de la mort (une veine déjà ancienne de l'inspiration lisztienne) ; et si des rythmes de danse sont repris, c'est selon une modalité nostalgique (*Quatre valses oubliées*, 1885) ou dans une couleur noire (*Csardas macabre*, 1882), plus ou moins sarcastique, où l'on sent l'empreinte de Méphisto (*Csardas obstinée*, 1884 ; *Méphisto-Valse n° 3*, 1883 ; *Méphisto-Polka*, 1883)...

Plus extraordinaire : l'inquiétude, le désarroi trouvent, pour s'exprimer, des formulations étonnamment novatrices au plan formel, et qui ont suscité beaucoup de commentaires chez les musicologues et fasciné la postérité, donnant à Liszt le statut de précurseur de la musique du XXe siècle. Il est vrai que le compositeur, comme affranchi de toute inhibition, travaillant dans la solitude de son atelier, composant pour soi-même sans envie de divulguer ses « trouvailles », ouvre des voies d'avenir : le discours musical, en accord avec le dénuement de l'âme du créateur, devient fragmenté, lapidaire. D'une grande économie de moyens, les pièces sont courtes, surtout comparées à l'opulence des œuvres pour piano les plus inspirées d'autrefois. Elles ont des fins abruptes, en suspension, donnant la sensation d'inachèvement ou d'un refus de développer plus amplement. L'écriture harmonique se fait aventureuse, l'instabilité tonale est de mise, quand elle ne conduit pas à l'atonalité comme dans *Bagatelle sans tonalité* (1885). Pièce emblématique des dernières œuvres pour piano de Liszt, elle devait s'appeler « Méphisto-Valse n° 4 » et, en effet, elle mobilise la virtuosité transcendante, « diabolique », mais en usant de la répétition d'un motif obsédant, dansant, qui sature – et structure – le morceau. Les premières notes, énoncées avec fermeté et clarté, créent une impression très nette de statisme et de malaise car les intervalles qu'elles proposent détruisent les repères de tonalité. Privée de ces repères – ce qui empêche que se construise un parcours harmonique – la musique avance en tournoyant « à travers toutes les tonalités ». Le tourbillon cesse brusquement sur un accord de septième diminuée (particulièrement instable) ; l'apaisement vient donc non pas de la résolution de tensions harmoniques, mais du silence, soudain et arbitraire.

Autant dire que ces explorations musicales, quand le hasard voulait qu'elles fussent écoutées, n'étaient pas comprises. Cela ne surprend pas s'agissant d'un tempérament conservateur comme Vincent d'Indy, qui avoua effaré avoir entendu Liszt à Weimar en 1873 faire cette « étrange déclaration qu'il aspirait à la suppression de la tonalité. » Cela surprend davantage de la part d'un « compagnon de route » comme Wagner. Pourtant le *Journal* de Cosima (Liszt heureusement ne le lut jamais) est sans appel : « Tard le soir, quand nous sommes seuls, R. [Richard] me parle longuement des dernières compositions de mon père, il ne peut s'empêcher de les trouver tout à fait dépourvues de sens et me le dit de manière détaillée et vive. [...] il qualifie de « folie en germe » les dernières œuvres... » [R. STR, 100]

Liszt s'était aventuré loin, faisant un grand bond dans le temps. Loin mais très seul.

Le 18 mai 1872, Wagner adressa une lettre très chaleureuse où il invitait Liszt à venir assister à la pose de la première pierre du Festspielhaus de Bayreuth. Ce fut, après plusieurs années de brouille, le début d'une réconciliation définitive avec Cosima et Richard. À partir de cette date et jusqu'à sa mort, Liszt qui avait admiré et soutenu depuis toujours l'œuvre de Wagner, devint un des piliers du Festival de Bayreuth et il n'hésita pas à donner des concerts au profit de cette entreprise naissante. Il s'y rendit presque chaque été à partir de 1873. Deux années firent date.

1876 : ouverture du premier Festival, au cours duquel Liszt assista à toutes les répétitions générales publiques et à toutes les représentations du *Ring*, donné en trois cycles complets ; à l'occasion d'un dîner, Wagner rendit un hommage public à son ami et lui témoigna sa gratitude : « Tout ce que je suis, tout ce que j'ai réalisé, je le dois à une personne sans qui aucune note de moi n'eût été connue, à un ami fidèle qui, alors que j'étais banni d'Allemagne, m'a hissé vers la lumière avec un dévouement, une abnégation sans pareils et qui a été le premier à me reconnaître. Cet ami fidèle mérite les plus grands honneurs. Je veux parler de mon sublime ami et maître, Franz Liszt. » [A.WA2, 386]

Et 1882 : Liszt assista aux répétitions et aux cinq premières représentations de *Parsifal*, créé en juillet. Son enthousiasme s'exprima de façon lisztienne : par une transcription d'un passage de l'ouvrage « La

Marche solennelle du Saint Graal ». C'était la dernière des quelque douze transcriptions d'après Wagner. L'hiver suivant, Liszt séjourna auprès de Cosima et de Richard, à Venise. Un sombre pressentiment lui inspira une pièce pour piano : *Lugubre gondole I* (une autre portant le n° II lui sera adjointe en 1885). Quelques semaines plus tard, Wagner mourait. Liszt composa pour sa mémoire plusieurs élégies : *R.W.-Venezia*, « musique désespérée, atonale, qui – selon Alan Walker – lutte pour trouver la lumière » ; et *Am Grabe Richard Wagners* (Sur la tombe de R. W.) qui reprend des thèmes de *Lohengrin* et de *Parsifal* – il en existe trois versions, une pour piano, une pour deux pianos, une autre pour quatuor à cordes et harpe.

Si l'on oublie un instant l'admiration réciproque des deux musiciens, il y eut dans l'insistance des Wagner à bénéficier du soutien de Liszt, une ombre que sut déceler Carolyne Wittgenstein, persuadée que Richard et Cosima instrumentalisaient Liszt au profit de la cause wagnérienne et que la visibilité de l'œuvre lisztienne en souffrirait. Franz n'était pas loin d'être aussi perspicace mais préférait résumer avec une amère ironie : « Pour Bayreuth, je ne suis pas un compositeur mais un agent publicitaire. »

Une ombre que ne dissipe pas la mort de Liszt. Au contraire. Par une ironie du destin, c'est à Bayreuth qu'il mourut, le 31 juillet 1886. Il y était venu à la demande insistante de Cosima, pour qui la présence de son père était indispensable à la reprise du festival après trois ans de deuil. Liszt arriva malade le 21 juillet, et assista malgré son état aux représentations de *Parsifal* et de *Tristan*. Il s'alita le 26, terrassé par une pneumonie. Les six jours de son agonie furent atroces. Ils donnent à voir sous un éclairage très cru Franz et Cosima. Le père livré à une solitude abyssale, comme un concentré terrible des dernières années : ses élèves présents à Bayreuth tenus à distance ; Lina Schmalhausen, la dernière amoureuse et accessoirement élève, contrainte de se cacher dans le jardin d'où elle épie les derniers moments de son maître bien aimé ; personne ne songeant à faire venir un prêtre auprès de l'abbé mourant... Et la fille, qui depuis la mort de Richard, voue un culte fanatique à la mémoire du seul « grand homme » comptant pour elle, murée dans le costume intransigeant de gardienne du Temple wagnérien, exerçant un contrôle absolu, presque brutal, sur la mort de son père.

Le lendemain de l'enterrement, il y eut une messe à sa mémoire. Bruckner improvisa à l'orgue sur le motif de la foi, extrait de *Parsifal*. Troublant hommage : d'esprit lisztien (l'improvisation, la paraphrase...) alors qu'aucune note de la musique de Franz n'était entendue.

Bibliographie

Trois études majeures pour approfondir la connaissance de la vie et de l'œuvre de Liszt :

- Alan Walker, *Franz Liszt*, Paris, Fayard, 1989 et 1996; tome I, « Les années virtuoses » et « les années de Weimar », (1811-1861) [A.WA1]; tome II, « Les dernières années » (1861-1886) [A.WA2]
- Serge Gut, *Liszt*, Paris, Éditions de Fallois/L'Âge d'Homme, 1989 [S. GUT]
- Rémy Stricker, *Franz Liszt; les ténèbres de la gloire*, Paris, Gallimard, 1993 [R. STR]

À compléter par un ouvrage ancien, toujours précieux :

- Jean Chantavoine, *Liszt*, Paris, Librairie Félix Alcan, coll. « Les maîtres de la musique », 1927 [J. CHA]

ÉCRITS DE FRANZ LISZT :

- Franz Liszt, *Artiste et Société* (« De la situation des artistes et de leur condition dans la société », « Lettres d'un bachelier ès musique »), Paris, Flammarion, 1995 [FLAS]
- Pierre-Antoine Huré et Claude Knepper, *Franz Liszt/Correspondance* (lettres choisies), Paris, Éditions J.C. Lattès, 1987 [HKLC]

- Serge Gut et Jacqueline Bellas, *Correspondance Franz Liszt-Marie d'Agoult*, Paris, Fayard, 2001.

Sur l'époque, la réception des œuvres, les témoignages des contemporains :

- Pierre-Antoine Huré et Claude Knepper, *Liszt en son temps*, Paris, Hachette, coll. « Pluriel », 1987 [HKLT]

Index

Table

Ouvrage réalisé
par Dominique Guillaumin, Paris

www.ingramcontent.com/pod-product-compliance
Lightning Source LLC
LaVergne TN
LVHW021947220826
846091LV00015B/4125